DIRECTION DU TRAVAIL ET DE L'INDUSTRIE

(BUREAU DE L'INDUSTRIE)

RÉGLEMENTATION

DU

TRAVAIL DANS L'INDUSTRIE

LÉGISLATION FRANÇAISE

15 avril 1897

RÉGLEMENTATION

DU

TRAVAIL DANS L'INDUSTRIE.

Loi du 2 novembre 1892

Sur le travail des enfants, des filles mineures et des femmes
dans les établissements industriels.

LE SÉNAT ET LA CHAMBRE DES DÉPUTÉS ont adopté,

LE PRÉSIDENT DE LA RÉPUBLIQUE promulgue la loi dont la teneur suit :

SECTION PREMIÈRE.

DISPOSITIONS GÉNÉRALES. — ÂGE D'ADMISSION. — DURÉE DU TRAVAIL.

ARTICLE PREMIER. Le travail des enfants, des filles mineures et des femmes
dans les usines, manufactures, mines, minières et carrières, chantiers, ateliers et leurs dépendances, de quelque nature que ce soit, publics ou privés,
laïques ou religieux, même lorsque ces établissements ont un caractère d'enseignement professionnel ou de bienfaisance, est soumis aux obligations déterminées par la présente loi.

Toutes les dispositions de la présente loi s'appliquent aux étrangers travaillant dans les établissements ci-dessus désignés.

Sont exceptés les travaux effectués dans les établissements où ne sont
employés que les membres de la famille sous l'autorité soit du père, soit de
la mère, soit du tuteur.

Néanmoins, si le travail s'y fait à l'aide de chaudière à vapeur ou de moteur mécanique, ou si l'industrie exercée est classée au nombre des établissements dangereux ou insalubres, l'inspecteur aura le droit de prescrire les
mesures de sécurité et de salubrité à prendre, conformément aux articles 12,
13 et 14.

ART. 2. Les enfants ne peuvent être employés par les patrons, ni être admis dans les établissements énumérés dans l'article premier, avant l'âge de
treize ans révolus.

Toutefois, les enfants munis du certificat d'études primaires, institué par
la loi du 28 mars 1882, peuvent être employés à partir de l'âge de douze
ans.

Aucun enfant âgé de moins de treize ans ne pourra être admis au travail dans les établissements ci-dessus visés, s'il n'est muni d'un certificat d'aptitude physique délivré, à titre gratuit, par l'un des médecins chargés de la surveillance du premier âge où l'un des médecins inspecteurs des écoles, ou tout autre médecin, chargé d'un service public, désigné par le préfet. Cet examen sera contradictoire, si les parents le réclament.

Les inspecteurs du travail pourront toujours requérir un examen médical de tous les enfants au-dessous de seize ans, déjà admis dans les établissements susvisés, à l'effet de constater si le travail dont ils sont chargés excède leurs forces.

Dans ce cas, les inspecteurs auront le droit d'exiger leur renvoi de l'établissement sur l'avis conforme de l'un des médecins désignés au paragraphe 3 du présent article, et après examen contradictoire, si les parents le réclament.

Dans les orphelinats et institutions de bienfaisance visés à l'article premier, et dans lesquels l'instruction primaire est donnée, l'enseignement manuel ou professionnel, pour les enfants âgés de moins de treize ans, sauf pour les enfants âgés de douze ans munis du certificat d'études primaires, ne pourra pas dépasser trois heures par jour.

Aʀᴛ. 3. Les enfants de l'un et de l'autre sexe âgés de moins de seize ans ne peuvent être employés à un travail effectif de plus de dix heures par jour.

Les jeunes ouvriers ou ouvrières de seize à dix-huit ans ne peuvent être employés à un travail effectif de plus de soixante heures par semaine, sans que le travail journalier puisse excéder onze heures.

Les filles au-dessus de dix-huit ans et les femmes ne peuvent être employées à un travail effectif de plus de onze heures par jour.

Les heures de travail ci-dessus indiquées seront coupées par un ou plusieurs repos dont la durée totale ne pourra être inférieure à une heure et pendant lesquels le travail sera interdit.

SECTION II.

TRAVAIL DE NUIT. — REPOS HEBDOMADAIRE.

Aʀᴛ. 4. Les enfants âgés de moins de dix-huit ans, les filles mineures et les femmes ne peuvent être employés à aucun travail de nuit dans les établissements énumérés à l'article premier.

Tout travail entre neuf heures du soir et cinq heures du matin est considéré comme travail de nuit; toutefois, le travail sera autorisé de quatre heures du matin à dix heures du soir, quand il sera réparti entre deux postes d'ouvriers ne travaillant pas plus de neuf heures chacun.

Le travail de chaque équipe sera coupé par un repos d'une heure au moins.

Il sera accordé, pour les femmes et les filles âgées de plus de dix-huit ans, à certaines industries qui seront déterminées par un règlement d'administration publique et dans les conditions d'application qui seront précisées dans ledit règlement, la faculté de prolonger le travail jusqu'à onze heures du soir, à certaines époques de l'année, pendant une durée totale qui ne dépassera pas soixante jours. En aucun cas, la journée de travail effectif ne pourra être prolongée au delà de douze heures.

Il sera accordé à certaines industries, déterminées par un règlement d'administration publique, l'autorisation de déroger d'une façon permanente aux dispositions des paragraphes 1 et 2 du présent article, mais sans que le travail puisse, en aucun cas, dépasser sept heures par vingt-quatre heures.

Le même règlement pourra autoriser, pour certaines industries, une dérogation temporaire aux dispositions précitées.

En outre, en cas de chômage résultant d'une interruption accidentelle ou de force majeure, l'interdiction ci-dessus peut, dans n'importe quelle industrie, être temporairement levée par l'inspecteur pour un délai déterminé.

Art. 5. Les enfants âgés de moins de dix-huit ans et les femmes de tout âge ne peuvent être employés dans les établissements énumérés à l'article premier plus de six jours par semaine, ni les jours de fêtes reconnus par la loi, même pour rangement d'atelier.

Une affiche apposée dans les ateliers indiquera le jour adopté pour le repos hebdomadaire.

Art. 6. Néanmoins, dans les usines à feu continu, les femmes majeures et les enfants du sexe masculin peuvent être employés tous les jours de la semaine, la nuit, aux travaux indispensables, sous la condition qu'ils auront au moins un jour de repos par semaine.

Les travaux tolérés et le laps de temps pendant lequel ils peuvent être exécutés seront déterminés par un règlement d'administration publique.

Art. 7. L'obligation du repos hebdomadaire et les restrictions relatives à la durée du travail peuvent être temporairement levées par l'inspecteur divisionnaire, pour les travailleurs visés à l'article 5, pour certaines industries à désigner par le susdit règlement d'administration publique.

Art. 8. Les enfants des deux sexes âgés de moins de treize ans ne peuvent être employés comme acteurs, figurants, etc., aux représentations publiques données dans les théâtres et cafés-concerts sédentaires.

Le Ministre de l'instruction publique et des beaux-arts, à Paris, et les préfets, dans les départements, pourront exceptionnellement autoriser l'emploi d'un ou de plusieurs enfants dans les théâtres pour la représentation de pièces déterminées.

SECTION III.

TRAVAUX SOUTERRAINS.

Art. 9. Les filles et les femmes ne peuvent être admises dans les travaux souterrains des mines, minières et carrières.

Des règlements d'administration publique détermineront les conditions spéciales du travail des enfants de treize à dix-huit ans, du sexe masculin, dans les travaux souterrains ci-dessus visés.

Dans les mines spécialement désignées par des règlements d'administration publique, comme exigeant, en raison de leurs conditions naturelles, une dérogation aux prescriptions du paragraphe 2 de l'article 4, ces règlements pourront permettre le travail des enfants à partir de quatre heures du matin et jusqu'à minuit, sous la condition expresse que les enfants ne soient pas assujettis à plus de huit heures de travail effectif, ni à plus de dix heures de présence dans la mine par vingt-quatre heures.

SECTION IV.

SURVEILLANCE DES ENFANTS.

ART. 10. Les maires sont tenus de délivrer gratuitement aux père, mère, tuteur ou patron, un livret sur lequel sont portés les nom et prénoms des enfants des deux sexes âgés de moins de dix-huit ans, la date, le lieu de leur naissance et leur domicile.

Si l'enfant a moins de treize ans, le livret devra mentionner qu'il est muni du certificat d'études primaires institué par la loi du 28 mars 1882.

Les chefs d'industrie ou patrons inscriront sur le livret la date de l'entrée dans l'atelier et celle de la sortie. Ils devront également tenir un registre sur lequel seront mentionnées toutes les indications insérées au présent article.

ART. 11. Les patrons ou chefs d'industrie et loueurs de force motrice sont tenus de faire afficher dans chaque atelier les dispositions de la présente loi, les règlements d'administration publique relatifs à son exécution et concernant plus spécialement leur industrie, ainsi que les adresses et les noms des inspecteurs de la circonscription.

Ils afficheront également les heures auxquelles commencera et finira le travail, ainsi que les heures et la durée des repos. Un duplicata de cette affiche sera envoyé à l'inspecteur, un autre sera déposé à la mairie.

L'organisation de relais qui aurait pour effet de prolonger au delà de la limite légale la durée de la journée de travail est interdite pour les personnes protégées par la présente loi.

Dans toutes les salles de travail des ouvroirs, orphelinats, ateliers de charité ou de bienfaisance dépendant des établissements religieux ou laïques, sera placé d'une façon permanente un tableau indiquant, en caractères facilement lisibles, les conditions du travail des enfants, telles qu'elles résultent des articles 2, 3, 4 et 5, et déterminant l'emploi de la journée, c'est-à-dire les heures du travail manuel, du repos, de l'étude et des repas. Ce tableau sera visé par l'inspecteur et revêtu de sa signature.

Un état nominatif complet des enfants élevés dans les établissements ci-dessus désignés, indiquant leurs noms et prénoms, la date et le lieu de leur naissance, et certifié conforme par les directeurs de ces établissements, sera remis tous les trois mois à l'inspecteur et fera mention de toutes les mutations survenues depuis la production du dernier état.

SECTION V.

HYGIÈNE ET SÉCURITÉ DES TRAVAILLEURS.

ART. 12. Les différents genres de travail présentant des causes de danger, ou excédant les forces, ou dangereux pour la moralité, qui seront interdits aux femmes, filles et enfants, seront déterminés par des règlements d'administration publique.

Art. 13. Les femmes, filles et enfants ne peuvent être employés dans des établissements insalubres ou dangereux, où l'ouvrier est exposé à des manipulations ou à des émanations préjudiciables à sa santé, que sous les conditions spéciales déterminées par des règlements d'administration publique pour chacune de ces catégories de travailleurs.

Art. 14. Les établissements visés dans l'article premier et leurs dépendances doivent être tenus dans un état constant de propreté, convenablement éclairés et ventilés. Ils doivent présenter toutes les conditions de sécurité et de salubrité nécessaires à la santé du personnel.

Dans tout établissement contenant des appareils mécaniques, les roues, les courroies, les engrenages ou tout autre organe pouvant offrir une cause de danger seront séparés des ouvriers de telle manière que l'approche n'en soit possible que pour les besoins du service.

Les puits, trappes et ouvertures de descente doivent être clôturés.

Art. 15. Tout accident ayant occasionné une blessure à un ou plusieurs ouvriers, survenu dans un des établissements mentionnés à l'article premier, sera l'objet d'une déclaration par le chef de l'entreprise ou, à son défaut et en son absence, par son préposé.

Cette déclaration contiendra le nom et l'adresse des témoins de l'accident; elle sera faite dans les quarante-huit heures au maire de la commune, qui en dressera procès-verbal dans la forme à déterminer par un règlement d'administration publique. A cette déclaration sera joint, produit par le patron, un certificat du médecin indiquant l'état du blessé, les suites probables de l'accident et l'époque à laquelle il sera possible d'en connaître le résultat définitif.

Récépissé de la déclaration et du certificat médical sera remis, séance tenante, au déposant.

Avis de l'accident est donné immédiatement par le maire à l'inspecteur divisionnaire ou départemental.

Art. 16. Les patrons ou chefs d'établissements doivent, en outre, veiller au maintien des bonnes mœurs et à l'observation de la décence publique.

SECTION VI.

INSPECTION.

Art. 17. Les inspecteurs du travail sont chargés d'assurer l'exécution de la présente loi et de la loi du 9 septembre 1848.

Ils sont chargés, en outre, concurremment avec les commissaires de police, de l'exécution de la loi du 7 décembre 1874 relative à la protection des enfants employés dans les professions ambulantes.

Toutefois, en ce qui concerne les exploitations de mines, minières et carrières, l'exécution de la loi est exclusivement confiée aux ingénieurs et contrôleurs des mines, qui, pour ce service, sont placés sous l'autorité du Ministre du commerce et de l'industrie.

Art. 18. Les inspecteurs du travail sont nommés par le Ministre du commerce et de l'industrie.

Ce service comprendra :

1° Des inspecteurs divisionnaires ;

2° Des inspecteurs ou inspectrices départementaux.

Un décret, rendu après avis du Comité des arts et manufactures et de la Commission supérieure du travail ci-dessous instituée, déterminera les départements dans lesquels il y aura lieu de créer des inspecteurs départementaux. Il fixera le nombre, le traitement et les frais de tournée de ces inspecteurs.

Les inspecteurs ou inspectrices départementaux sont placés sous l'autorité de l'inspecteur divisionnaire.

Les inspecteurs du travail prêtent serment de ne point révéler les secrets de fabrication et, en général, les procédés d'exploitation dont ils pourraient prendre connaissance dans l'exercice de leurs fonctions.

Toute violation de ce serment est punie conformément à l'article 378 du Code pénal.

Art. 19. Désormais ne seront admissibles aux fonctions d'inspecteur divisionnaire ou départemental que les candidats ayant satisfait aux conditions et aux concours visés par l'article 22.

La nomination au poste d'inspecteur titulaire ne sera définitive qu'après un stage d'un an.

Art. 20. Les inspecteurs et inspectrices ont entrée dans tous les établissements visés par l'article premier ; ils peuvent se faire représenter le registre prescrit par l'article 10, les livrets, les règlements intérieurs et, s'il y a lieu, le certificat d'aptitude physique mentionné à l'article 2.

Les contraventions sont constatées par les procès-verbaux des inspecteurs et inspectrices, qui font foi jusqu'à preuve contraire.

Ces procès-verbaux sont dressés en double exemplaire, dont l'un est envoyé au préfet du département et l'autre déposé au parquet.

Les dispositions ci-dessus ne dérogent point aux règles du droit commun, quant à la constatation et à la poursuite des infractions à la présente loi.

Art. 21. Les inspecteurs ont pour mission, en dehors de la surveillance qui leur est confiée, d'établir la statistique des conditions du travail industriel dans la région qu'ils sont chargés de surveiller.

Un rapport d'ensemble résumant ces communications sera publié tous les ans par les soins du Ministre du commerce et de l'industrie.

SECTION VII.

COMMISSIONS SUPÉRIEURE ET DÉPARTEMENTALES.

Art. 22. Une Commission supérieure composée de neuf membres, dont les fonctions sont gratuites, est établie auprès du Ministre du commerce et de l'industrie. Cette Commission comprend deux sénateurs, deux députés élus par leurs collègues et cinq membres nommés pour une période de quatre ans par le Président de la République. Elle est chargée :

1° De veiller à l'application uniforme et vigilante de la présente loi ;

2° De donner son avis sur les règlements à faire et généralement sur les diverses questions intéressant les travailleurs protégés;

3° Enfin, d'arrêter les conditions d'admissibilité des candidats à l'inspection divisionnaire et départementale et le programme du concours qu'ils devront subir.

Les inspecteurs divisionnaires nommés en vertu de la loi du 19 mai 1874, et actuellement en fonctions, seront répartis entre les divers postes d'inspecteurs divisionnaires et d'inspecteurs départementaux établis en exécution de la présente loi, sans être assujettis à subir le concours.

Les inspecteurs départementaux pourront être conservés sans subir un nouveau concours.

Art. 23. Chaque année, le président de la Commission supérieure adresse au Président de la République un rapport général sur les résultats de l'inspection et sur les faits relatifs à l'exécution de la présente loi.

Ce rapport doit être, dans le mois de son dépôt, publié au *Journal officiel*.

Art. 24. Les Conseils généraux devront instituer une ou plusieurs commissions chargées de présenter, sur l'exécution de la loi et les améliorations dont elle serait susceptible, des rapports qui seront transmis au Ministre et communiqués à la Commission supérieure.

Les inspecteurs divisionnaires et départementaux, les présidents et vice-présidents du conseil de prud'hommes du chef-lieu ou du principal centre industriel du département et, s'il y a lieu, l'ingénieur des mines, font partie de.droit de ces commissions dans leurs circonscriptions respectives.

Les commissions locales instituées par les articles 20, 21 et 22 de la loi du 19 mai 1874 sont abolies.

Art. 25. Il sera institué dans chaque département des comités de patronage ayant pour objet :

1° La protection des apprentis et des enfants employés dans l'industrie;

2° Le développement de leur instruction professionnelle.

Le Conseil général dans chaque département déterminera le nombre et la circonscription des comités de patronage, dont les statuts seront approuvés dans le département de la Seine par le Ministre de l'intérieur et le Ministre du commerce et de l'industrie, et par les préfets dans les autres départements.

Les comités de patronage seront administrés par une commission composée de sept membres, dont quatre seront nommés par le Conseil général et trois par le préfet.

Ils sont renouvelables tous les trois ans. Les membres sortants pourront être appelés de nouveau à en faire partie.

Leurs fonctions sont gratuites.

SECTION VIII.

PÉNALITÉS.

Art. 26. Les manufacturiers, directeurs ou gérants d'établissements visés dans la présente loi, qui auront contrevenu aux prescriptions de ladite loi et des règlements d'administration publique relatifs à son exécution, seront poursuivis devant le tribunal de simple police et passibles d'une amende de 5 à 15 francs.

L'amende sera appliquée autant de fois qu'il y aura de personnes employées dans des conditions contraires à la présente loi.

Toutefois, la peine ne sera pas applicable si l'infraction à la loi a été le résultat d'une erreur provenant de la production d'actes de naissance, livrets ou certificats contenant de fausses énonciations ou délivrés pour une autre personne.

Les chefs d'industrie seront civilement responsables des condamnations prononcées contre leurs directeurs ou gérants.

Art. 27. En cas de récidive, le contrevenant sera poursuivi devant le tribunal correctionnel et puni d'une amende de 16 à 100 francs.

Il y a récidive lorsque, dans les douze mois antérieurs au fait poursuivi, le contrevenant a déjà subi une condamnation pour une contravention identique.

En cas de pluralité de contraventions entraînant ces peines de la récidive, l'amende sera appliquée autant de fois qu'il aura été relevé de nouvelles contraventions.

Les tribunaux correctionnels pourront appliquer les dispositions de l'article 463 du Code pénal sur les circonstances atténuantes, sans qu'en aucun cas l'amende, pour chaque contravention, puisse être inférieure à 5 francs.

Art. 28. L'affichage du jugement peut, suivant les circonstances et en cas de récidive seulement, être ordonné par le tribunal de police correctionnelle.

Le tribunal peut également ordonner, dans le même cas, l'insertion du jugement aux frais du contrevenant dans un ou plusieurs journaux du département.

Art. 29. Est puni d'une amende de 100 à 500 francs quiconque aura mis obstacle à l'accomplissement des devoirs d'un inspecteur.

En cas de récidive, l'amende sera portée de 500 à 1,000 francs.

L'article 463 du Code pénal est applicable aux condamnations prononcées en vertu de cet article.

SECTION IX.

DISPOSITIONS SPÉCIALES.

Art. 30. Les règlements d'administration publique nécessaires à l'application de la présente loi seront rendus après avis de la Commission supérieure du travail et du Comité consultatif des arts et manufactures.

Le Conseil général des mines sera appelé à donner son avis sur les règlements prévus en exécution de l'article 9.

Art. 31. Les dispositions de la présente loi sont applicables aux enfants placés en apprentissage et employés dans un des établissements visés à l'article premier.

Art. 32. Les dispositions édictées par la présente loi ne seront applicables qu'à dater du 1er janvier 1893.

La loi du 19 mai 1874 et les règlements d'administration publique rendus en exécution de ses dispositions seront abrogés à la date susindiquée.

La présente loi, délibérée et adoptée par le Sénat et par la Chambre des députés, sera exécutée comme loi de l'État.

Décret du 21 avril 1893

Déterminant la forme de procès-verbal de déclaration d'accident
à dresser par le maire.

(Voir ci-après le décret du 20 novembre 1893.)

Décret du 3 mai 1893

Relatif à l'emploi des enfants dans les travaux souterrains
des mines, minières et carrières.

Le Président de la République française,

Sur le rapport du Ministre du commerce, de l'industrie et des colonies;

Vu la loi du 2 novembre 1892 et en particulier son article 9 ainsi conçu :

« Les filles et les femmes ne peuvent être admises dans les travaux souterrains des mines, minières et carrières;

« Des règlements d'administration détermineront les conditions spéciales du travail des enfants de treize à dix-huit ans, du sexe masculin, dans les travaux souterrains ci-dessus visés.

« Dans les mines spécialement désignées par des règlements d'administration publique comme exigeant, en raison de leurs conditions naturelles, une dérogation aux prescriptions du paragraphe 2 de l'article 4, ces règlements pourront permettre le travail des enfants à partir de quatre heures du matin et jusqu'à minuit, à la condition expresse que les enfants ne soient pas assujettis à plus de huit heures de travail effectif ni à plus de dix heures de présence dans la mine par vingt-quatre heures »;

Vu l'avis du Conseil général des mines;

Vu l'avis du Comité consultatif des arts et manufactures;

Vu l'avis de la Commission supérieure du travail dans l'industrie instituée par la loi du 2 novembre 1892;

Le Conseil d'État entendu,

Décrète ;

Article premier. La durée du travail effectif des enfants du sexe masculin au-dessous de seize ans, dans les galeries souterraines des mines, minières et carrières, ne peut excéder huit heures par poste et par vingt-quatre heures.

La durée du travail effectif des jeunes ouvriers de seize à dix-huit ans ne peut excéder dix heures par jour ni cinquante-quatre heures par semaine.

Ne sont pas compris dans les durées précitées du travail effectif le temps de la remonte et de la descente ni celui employé à aller au chantier et à en venir, ni les repos, dont la durée totale ne pourra être inférieure à une heure.

Art. 2. Les enfants et les jeunes ouvriers peuvent être employés au triage et au chargement du minerai, à la manœuvre et au roulage des wagonnets, à la garde et à la manœuvre des portes d'aérage, à la manœuvre des ventilateurs à bras et autres travaux accessoires n'excédant pas leur force.

Ils ne doivent pas être occupés à la manœuvre des ventilateurs à bras pendant plus d'une demi-journée de travail coupée par un repos d'une demi-heure au moins.

Les jeunes ouvriers de seize à dix-huit ans ne peuvent être occupés aux travaux proprement dits du mineur qu'à titre d'aides ou d'apprentis et pour une durée maxima de cinq heures par jour.

En dehors des exceptions prévues aux paragraphes précédents, tout travail est interdit dans les galeries souterraines aux enfants et jeunes ouvriers.

Art. 3. Les dispositions spéciales prévues par l'article 9, § 3, de la loi du 2 novembre 1892 pourront dès à présent être appliquées aux exploitations des couches minces de houille dans lesquelles le travail est mené à double poste et lorsque le travail de l'un des postes consiste à exécuter aux chantiers d'abatage l'enlèvement des roches encaissantes et le remblaiement qui n'ont pu s'effectuer pendant le poste d'extraction.

L'exploitant qui voudra recourir à ce régime devra au préalable en avoir donné avis à l'ingénieur en chef des mines. En cas d'opposition de ce dernier, l'exploitant devra obtenir l'autorisation du Ministre du commerce, de l'industrie et des colonies.

Art. 4. Le Ministre du commerce, de l'industrie et des colonies est chargé de l'exécution du présent décret qui sera inséré au *Bulletin des lois* et publié au *Journal officiel* de la République française.

Décret du 13 mai 1893

Relatif à l'emploi des enfants, des filles mineures et des femmes aux travaux dangereux, insalubres, excédant les forces ou contraires à la moralité.

Le Président de la République française;

Sur le rapport du Ministre du commerce, de l'industrie et des colonies;

Vu l'article 12 de la loi du 2 novembre 1892, ainsi conçu :

« Les différents genres de travail présentant des causes de danger, ou excédant les forces, ou dangereux pour la moralité, qui seront interdits aux aux femmes, filles et enfants, seront déterminés par des règlements d'administration publique »;

Vu l'article 13 de ladite loi, ainsi conçu :

« Les femmes, filles et enfants ne peuvent être employés dans des établissements insalubres ou dangereux où l'ouvrier est exposé à des manipulations ou à des émanations préjudiciables à sa santé, que sous les conditions spéciales déterminées par des règlements d'administration publique pour chacune de ces catégories de travailleurs »;

Vu l'avis du Comité consultatif des arts et manufactures;

Vu l'avis de la Commission supérieure instituée par l'article 22 de la loi précitée;

Le Conseil d'État entendu,

Décrète :

Article premier. Il est interdit d'employer les enfants au-dessous de dix-huit ans, les filles mineures et les femmes au graissage, au nettoyage, à la visite ou à la réparation des machines ou mécanismes en marche.

Art. 2. Il est interdit d'employer les enfants au-dessous de dix-huit ans, les filles mineures et les femmes dans les ateliers où se trouvent des machines actionnées à la main ou par un moteur mécanique, dont les parties dangereuses ne sont point couvertes de couvre-engrenages, garde-mains et autres organes protecteurs.

Art. 3. Il est interdit d'employer les enfants au-dessous de dix-huit ans à faire tourner des appareils en sautillant sur une pédale.

Il est également interdit de les employer à faire tourner des roues horizontales.

Art. 4. Les enfants au-dessous de seize ans ne pourront être employés à tourner des roues verticales que pendant une durée d'une demi-journée de travail divisée par un repos d'une demi-heure au moins.

Il est également interdit d'employer les enfants au-dessous de seize ans à actionner, au moyen de pédales, les métiers dits *à la main*.

Art. 5. Les enfants au-dessous de seize ans ne peuvent travailler aux scies circulaires ou aux scies à ruban.

Art. 6. Les enfants au-dessous de seize ans ne peuvent être employés au travail des cisailles et autres lames tranchantes mécaniques.

Art. 7. Les enfants au-dessous de treize ans ne peuvent, dans les verreries, être employés à cueillir et à souffler le verre.

Au-dessus de treize ans jusqu'à seize ans, ils ne peuvent cueillir un poids de verre supérieur à mille grammes. Dans les fabriques de bouteilles et de verre à vitre le soufflage par la bouche est interdit aux enfants au-dessous de seize ans.

Dans les verreries où le soufflage se fait à la bouche, un embout personnel sera mis à la disposition de chaque enfant âgé de moins de dix-huit ans.

Art. 8. Il est interdit de préposer des enfants au-dessous de seize ans au service des robinets à vapeur.

Art. 9. Il est interdit d'employer des enfants de moins de seize ans, en qualité de doubleurs, dans les ateliers où s'opèrent le laminage et l'étirage de la verge de tréfilerie.

Toutefois, cette disposition n'est pas applicable aux ateliers dans lesquels le travail des doubleurs est garanti par des appareils protecteurs.

Art. 10. Il est interdit d'employer des enfants de moins de seize ans à des travaux exécutés à l'aide d'échafaudages volants pour la réfection ou le nettoyage des maisons.

Art. 11. Les jeunes ouvriers ou ouvrières au-dessous de dix-huit ans employés dans l'industrie ne peuvent porter, tant à l'intérieur qu'à l'extérieur des manufactures, usines, ateliers et chantiers, des fardeaux d'un poids supérienr aux suivants :

Garçons au-dessous de 14 ans..........................	10 kilogr.
Garçons de 14 à 18 ans............................	15
Ouvrières au-dessous de 16 ans.......................	5
Ouvrières de 16 à 18 ans............................	10

Il est interdit de faire traîner ou pousser par lesdits jeunes ouvriers et ouvrières, tant à l'intérieur des établissements industriels que sur la voie publique, des charges correspondant à des efforts plus grands que ceux ci-dessus indiqués.

Les conditions d'équivalence des deux genres de travail seront déterminées par arrêté ministériel.

Art. 12. Il est interdit d'employer des filles au-dessous de seize ans au travail des machines à coudre mues par des pédales.

Art. 13. Il est interdit d'employer des enfants, des filles mineures ou des femmes à la confection d'écrits, d'imprimés, affiches, dessins, gravures, peintures, emblèmes, images ou autres objets dont la vente, l'offre, l'exposition, l'affichage ou la distribution sont réprimés par les lois pénales comme contraires aux bonnes mœurs.

Il est également interdit d'occuper des enfants au-dessous de seize ans et des filles mineures dans les ateliers où se confectionnent des écrits, imprimés, affiches, gravures, peintures, emblèmes, images et autres objets qui, sans tomber sous l'application des lois pénales, sont cependant de nature à blesser leur moralité.

Art. 14. Dans les établissements où s'effectuent les travaux dénommés au tableau A annexé au présent décret, l'accès des ateliers affectés à ces opérations est interdit aux enfants au-dessous de dix-huit ans, aux filles mineures et aux femmes.

Art. 15. Dans les établissements où s'effectuent les travaux dénommés au tableau B annexé au présent décret, l'accès des ateliers affectés à ces opérations est interdit aux enfants au-dessous de dix-huit ans.

Art. 16. Le travail des enfants, filles mineures et femmes n'est autorisé que dans les ateliers dénommés au tableau C annexé au présent décret que sous les conditions spécifiées audit tableau.

Art. 17. Le Ministre du commerce, de l'industrie et des colonies est chargé de l'exécution du présent décret, qui sera inséré au *Bulletin des lois* et publié au *Journal officiel* de la République française.

Fait à Paris, le 13 mai 1893.

Tableau A.

Travaux interdits aux enfants au-dessous de 18 ans, aux filles mineures et aux femmes.

TRAVAUX.	RAISONS DE L'INTERDICTION.
Acide arsénique (Fabrication de l') au moyen de l'acide arsénieux et de l'acide azotique.	Danger d'empoisonnement.
Acide fluorhydrique (Fabrication de l').......	Vapeurs délétères.
Acide nitrique (Fabrique de l')............	*Idem.*
Acide oxalique (Fabrique de l')............	Danger d'empoisonnement. Vapeurs délétères.
Acide picrique (Fabrication de l')	Vapeurs délétères.
Acide salicylique (Fabrication de l') au moyen de l'acide phénique.	Émanations nuisibles.
Acide urique. (Voir *Murexide.*)	
Affinage des métaux au fourneau. (Voir *Grillage des minerais.*)	
Aniline. (Voir *Nitrobenzine.*)	
Arséniate de potasse (Fabrication de l') au moyen du salpêtre.	Danger d'empoisonnement. Vapeurs délétères.
Benzine (Dérivés de la). (Voir *Nitrobenzine.*)	
Blanc de plomb. (Voir *Céruse.*)	
Bleu de Prusse (Fabrication du). (Voir *Cyanure de potassium.*)	
Cendres d'orfèvre (Traitement des) par le plomb.	Maladies spéciales dues aux émanations nuisibles.
Céruse ou blanc de plomb (Fabrication de la).	*Idem.*
Chairs, débris et issues (Dépôts de) provenant de l'abatage des animaux.	Émanations nuisibles, danger d'infection.
Chlore (Fabrication du).................	Émanations nuisibles.
Chlorure de chaux (Fabrication du)........	*Idem.*
Chlorures alcalins, eau de javelle (Fabrication des).	*Idem.*
Chlorure de plomb (Fonderie de)..........	*Idem.*
Chlorures de soufre (Fabrication des).......	*Idem.*
Chromate de potasse (Fabrication du).......	Maladies spéciales dues aux émanations.
Cristaux (Polissage à sec des)............	Poussières dangereuses.

TRAVAUX.	RAISONS DE L'INTERDICTION.
Cyanure de potassium et bleu de Prusse (Fabrication de).	Danger d'empoisonnement.
Cyanure rouge de potassium ou prussiate rouge de potasse.	*Idem.*
Débris d'animaux (Dépôts de). (Voir *Chairs*, etc.)	
Dentelles (Blanchissage à la céruse des)......	Poussières dangereuses.
Eau de javelle (Fabrication d'). (Voir *Chlorures alcalins.*)	
Eau-forte. (Voir *Acide nitrique.*)	
Effilochage et déchiquetage des chiffons......	Poussières nuisibles.
Émaux (Grattage des) dans les fabriques de verre mousseline.	*Idem.*
Engrais (Dépôts et fabriques d') au moyen de matières animales.	Émanations nuisibles.
Équarrissage des animaux (Ateliers d').......	Nature du travail. Émanations nuisibles.
Étamage des glaces par le mercure (Ateliers d').	Maladies spéciales dues aux émanations.
Fonte et laminage du plomb, du zinc et du cuivre.	*Idem.*
Fulminate de mercure (Fabrication du)......	Émanations nuisibles.
Glaces (Étamage des). (Voir *Étamage.*)	
Grillage des minerais sulfureux (sauf le cas prévu au tableau C).	*Idem.*
Huiles et autres corps gras extraits des débris de matières animales.	*Idem.*
Litharge (Fabrication de la)...............	Maladies spéciales dues aux émanations.
Massicot (Fabrication du)................	*Idem.*
Matières colorantes (Fabrication des) au moyen de l'aniline et de la nitrobenzine.	Émanations nuisibles.
Métaux (Aiguisage et polissage des)........	Poussières dangereuses.
Meulières et meules (Extraction et fabrication des).	*Idem.*
Minium (Fabrication du)................	Maladies spéciales dues aux émanations.
Murexide (Fabrication de la) en vases clos par la réaction de l'acide azotique et de l'acide urique du guano.	Vapeurs délétères.
Nitrate de méthyle (Fabrique de)...........	*Idem.*

TRAVAUX.	RAISONS DE L'INTERDICTION.
Nitrobenzine, aniline et matières dérivant de la benzine (Fabrication de).	Vapeurs nuisibles.
Peaux de lièvre et de lapin. (Voir *Secrétage.*)	
Phosphore (Fabrication du)..............	Maladies spéciales dues aux émanations.
Plomb (Fonte et laminage du). (Voir *Fonte.*)	
Poils de lièvre et de lapin. (Voir *Secrétage.*)	
Prussiate de potasse. (Voir *Cyanure de potassium.*)	
Rouge de Prusse et d'Angleterre...........	Vapeurs délétères.
Secrétage des peaux ou poils de lièvre ou de lapin.	Poussières nuisibles ou vénéneuses.
Sulfate de mercure (Fabrication du)........	Maladies spéciales dues aux émanations.
Sulfure d'arsenic (Fabrication du)..........	Danger d'empoisonnement.
Sulfure de sodium (Fabrication du).........	Gaz délétère.
Triperies annexes des abattoirs.............	Émanations nuisibles.
Verre (Polissage à sec du)................	Poussières dangereuses.

Tableau B.

Travaux interdits aux enfants au-dessous de 18 ans.

TRAVAUX.	RAISONS DE L'INTERDICTION.
Amorces fulminantes (Fabrication des).......	Nécessité d'un travail prudent et attentif.
Amorces fulminantes pour pistolets d'enfants (Fabrication des).	*Idem.*
Artifices (Fabrication de pièces d').........	*Idem.*
Cartouches de guerre (Fabriques et dépôts de).	*Idem.*
Celluloïd et produits nitrés analogues (Fabrication de).	*Idem.*

TRAVAUX.	RAISONS DE L'INTERDICTION.
Chiens (Infirmerie de).....................	Danger de morsures.
Chrysalides (Extraction des parties soyeuses des).	Émanations nuisibles.
Dynamite (Fabriques et dépôts de)..........	Nécessité d'un travail prudent et attentif.
Étoupilles (Fabrication d') avec matières explosives.	*Idem.*
Poudre de mine comprimée (Fabrication de cartouches de).	*Idem.*

TABLEAU C.

Établissements dans lesquels l'emploi des enfants au-dessous de 18 ans, des filles mineures et des femmes est autorisé sous certaines conditions.

ÉTABLISSEMENTS.	CONDITIONS.	MOTIFS.
Abattoirs publics.........	Les enfants au-dessous de 16 ans ne seront pas employés dans les abattoirs.	Dangers d'accidents et de blessures.
Albâtre (Sciage et polissage à sec de l').	Les enfants au-dessous de 18 ans ne seront pas employés lorsque les poussières se dégageront librement dans les ateliers.	Poussières nuisibles.
Acide chlorhydrique (Production de l') par la décomposition des chlorures de magnésium, d'aluminium et autres.	Les enfants au-dessous de 18 ans, les filles mineures et femmes ne seront pas employés dans les ateliers où se dégagent des vapeurs et où l'on manipule les acides.	Danger d'accidents.
Acide muriatique. (Voir *Acide chlorhydrique*.)		
Acide sulfurique (Fabrication de l').	*Idem*.................	*Idem.*
Affinage de l'or et de l'argent par les acides.	*Idem*.................	*Idem.*

ÉTABLISSEMENTS.	CONDITIONS.	MOTIFS.
Allumettes chimiques (Dépôts d').	Les enfants au-dessous de 16 ans ne seront pas employés daus les magasins.	Danger d'incendie.
Allumettes chimiques (Fabrication des).	Les enfants au-dessous de 18 ans ne seront pas employés à la fusion des pâtes et au trempage.	Maladies spéciales dues aux émanations.
Argenture sur métaux. (Voir *Dorure et argenture*.)		
Battage, cardage et épuration des laines, crins et plumes.	Les enfants au-dessous de 18 ans ne seront pas employés dans les ateliers où se dégagent des poussières.	Poussières nuisibles.
Battage des tapis en grand.	*Idem*..................	*Idem*.
Battoir à écorces dans les villes.	*Idem*..................	*Idem*.
Benzine (Fabrication et dépôt de). (Voir *Huiles de pétrole, de schiste*, etc.)		
Blanc de zinc (Fabrication de) par la combustion du métal.	Les enfants au-dessous de 18 ans ne seront pas employés dans les ateliers de combustion et de condensation.	Vapeurs nuisibles.
Blanchiment (toile, paille, papier).	Les enfants au-dessous de 18 ans, les filles mineures et les femmes ne seront pas employés dans les ateliers où se dégagent le chlore et l'acide sulfureux.	*Idem*.
Boîtes de conserves (Soudure des).	Les enfants au-dessous de 16 ans ne seront pas employés à la soudure des boîtes.	Gaz délétères.
Boutonniers et autres emboutisseurs de métaux par moyens mécaniques.	Les enfants au-dessous de 18 ans ne seront pas employés dans les ateliers où se dégagent des poussières.	Poussières nuisibles.

ÉTABLISSEMENTS.	CONDITIONS.	MOTIFS.
Boyauderies	Les enfants au-dessous de 18 ans, les filles mineures et les femmes ne seront pas employés au soufflage.	Danger d'affections pulmonaires.
Caoutchouc (Application des enduits du).	Les enfants au-dessous de 18 ans, filles mineures et femmes ne seront pas employés dans les ateliers où se dégagent les vapeurs de sulfure de carbone et de benzine.	Vapeurs nuisibles.
Caoutchouc (Travail du) avec emploi d'huiles essentielles ou du sulfure de carbone.	Les enfants au-dessous de 18 ans, filles mineures et femmes ne seront pas employés dans les ateliers où se dégagent les vapeurs de sulfure de carbone.	*Idem.*
Cardage des laines, etc. (Voir *Battage.*)		
Chanvre (Teillage du) en grand. (Voir *Teillage.*)		
Chanvre imperméable. (Voir *Feutre goudronné.*)		
Chapeaux de feutre (Fabrication de).	Les enfants au-dessous de 18 ans ne seront pas employés lorsque les poussières se dégageront librement dans les ateliers.	Poussières nuisibles.
Chapeaux de soie ou autres préparés au moyen d'un vernis (Fabrication de).	Les enfants au-dessous de 18 ans ne seront pas employés dans les ateliers où l'on fabrique et applique le vernis.	Vapeurs nuisibles.
Chaux (Fours à)	Les enfants au-dessous de 18 ans ne seront pas employés dans les ateliers où se dégagent les poussières.	Poussières nuisibles.
Chiffons (Dépôts de)	Les enfants au-dessous de 18 ans ne seront pas employés au triage et à la manipulation des chiffons.	*Idem.*

ÉTABLISSEMENTS.	CONDITIONS.	MOTIFS.
Chiffons (Traitement des) par la vapeur de l'acide chlorhydrique.	Les enfants au-dessous de 18 ans, filles mineures et femmes ne seront pas employés dans les ateliers où se dégagent les acides.	Vapeurs nuisibles.
Chromolithographies......	Les enfants au-dessous de 16 ans ne seront pas employés au bronzage à la machine.	Poussières nuisibles.
Ciment (Fours à)........	Les enfants au-dessous de 18 ans ne seront pas employés dans les ateliers où se dégagent des poussières.	*Idem.*
Collodion (Fabrication du).	Les enfants au-dessous de 16 ans ne seront pas occupés dans les ateliers où l'on manipule les matières premières et les dissolvants.	Danger d'incendie.
Cotons et cotons gras (Blanchisseries des déchets de).	Les enfants au-dessous de 18 ans, filles mineures et femmes ne seront pas employés dans les ateliers où l'on manipule le sulfure de carbone.	Vapeurs nuisibles.
Cordes d'instruments en boyaux. (Voir *Boyauderies.*)		
Cornes, os et nacre (Travail à sec des).	Les enfants au-dessous de 18 ans ne seront pas employés lorsque les poussières se dégageront librement dans les ateliers.	Poussières nuisibles.
Crins (Teinture des). (Voir *Teintureries.*)		
Crins et soies de porc. (Voir *Soies de porc.*)		
Cuir verni (Fabrication de). (Voir *Feutre et visières vernies.*)		

ÉTABLISSEMENTS.	CONDITIONS.	MOTIFS.
Cuivre (Trituration des composés du).	Les enfants au-dessous de 18 ans ne seront pas employés dans les ateliers où les poussières se dégagent librement.	Poussières nuisibles.
Cuivre (Dérochage du) par les acides.	Les enfants au-dessous de 18 ans, filles mineures et femmes ne seront pas employés dans les ateliers où se dégagent les vapeurs acides.	Vapeurs nuisibles.
Déchets de laine (Dégraissage des). (Voir *Peaux, étoffes*, etc.)		
Dorure et argenture......	Les enfants au-dessous de 18 ans, filles mineures et femmes ne seront pas employés dans les ateliers où se produisent des vapeurs acides ou mercurielles.	Émanations nuisibles.
Eaux grasses (Extractions pour la fabrication des savons et autres usages des huiles contenues dans les).	Les enfants au-dessous de 18 ans, filles mineures et femmes ne seront pas employés dans les ateliers où l'on emploie le sulfure de carbone.	*Idem*.
Écorces (Battoir à). (Voir *Battoir*.)		
Émail (Application de l') sur les métaux.	Les enfants au-dessous de 18 ans, les filles mineures et les femmes ne seront pas employés dans les ateliers où l'on broie et blute les matières.	*Idem*.
Émaux (Fabrication d') avec fours non fumivores.	*Idem*................	*Idem*.
Épaillage des laines et draps par la voie humide.	Les enfants au-dessous de 18 ans, filles mineures et femmes ne seront pas employés dans les ateliers où se dégagent des vapeurs acides.	*Idem*.

ÉTABLISSEMENTS.	CONDITIONS.	MOTIFS.
Étoupes (Transformation en) des cordages hors de service, goudronnés ou non.	Les enfants au-dessous de 18 ans ne seront pas employés lorsque les poussières se dégageront librement dans les ateliers.	Poussières nuisibles.
Faïence (Fabrique de)....	Les enfants au-dessous de 18 ans ne seront pas employés dans les ateliers où l'on pratique le broyage, le blutage.	*Idem.*
Fer (Dérochage du)......	Les enfants au-dessous de 18 ans, filles mineures et femmes ne seront pas employés dans les ateliers où se dégagent des vapeurs et où l'on manipule les acides.	Vapeurs nuisibles.
Fer (Galvanisation du)....	*Idem*................	*Idem.*
Feuilles d'étain.........	Les enfants au-dessous de 16 ans ne seront pas employés au bronzage à la main des feuilles.	Poussières nuisibles.
Feutre goudronné (Fabrication du).	Les enfants au-dessous de 18 ans ne seront pas employés lorsque les poussières se dégagent librement dans les ateliers.	*Idem.*
Feutres et visières vernies (Fabrication de).	Les enfants au-dessous de 18 ans ne seront pas employés à la préparation et à l'emploi des vernis.	Danger d'incendie et vapeurs nuisibles.
Filature de lin..........	Les enfants au-dessous de 18 ans, les filles mineures et les femmes ne seront pas employés lorsque l'écoulement des eaux ne sera pas assuré.	Humidité nuisible.
Fonderies en 2° fusion....	Les enfants au-dessous de 16 ans ne seront pas employés à enlever les crasses au moment de la coulée.	Danger de brûlures.
Fourneaux (Hauts).......	*Idem*...	*Idem.*

ÉTABLISSEMENTS.	CONDITIONS.	MOTIFS.
Fours à plâtre et fours à chaux. (Voir *Plâtre*, *Chaux*.)		
Grès (Extraction et piquage des).	Les enfants au-dessous de 18 ans ne seront pas employés lorsque les poussières se dégageront librement dans les ateliers.	Poussières nuisibles.
Grillage des minerais sulfureux quand les gaz sont condensés et que le minerai ne renferme pas d'arsenic.	Les enfants au-dessous de 18 ans, les filles mineures et les femmes ne seront pas employés dans les ateliers où l'on produit le grillage.	Émanations nuisibles.
Grillage et gazage des tissus.	Les enfants au-dessous de 18 ans, les filles mineures et les femmes ne seront pas employés lorsque les produits de combustion se dégageront librement dans les ateliers.	*Idem.*
Hauts fourneaux. (Voir *Fonderies*.)		
Huiles de pétrole, de schiste et de goudron, essences et autres hydrocarbures employés pour l'éclairage, le chauffage, la fabrication des couleurs et vernis, le dégraissage des étoffes et autres usages (Fabrication, distillation, travail en grand d').	Les enfants au-dessous de 16 ans ne seront pas employés dans les ateliers de distillation et dans les magasins.	Danger d'incendie.
Huiles essentielles ou essences de térébenthine, d'aspic et autres. (Voir *Huiles de pétrole, de schiste,* etc.)		
Huiles extraites des schistes bitumineux. (Voir *Huiles de pétrole, de schiste,* etc.)		
Jute (Teillage du). (Voir *Teillage*.)		

ÉTABLISSEMENTS.	CONDITIONS.	MOTIFS.
Liège (Usines pour la trituration du).	Les enfants au-dessous de 18 ans se seront pas employés dans les ateliers où les poussières se dégagent librement.	Poussières nuisibles.
Lin (Teillage en grand du). (Voir *Teillage.*)		
Liquides pour l'éclairage (Dépôts de) au moyen de l'alcool et des huiles essentielles.	Les enfants au-dessous de 16 ans ne seront pas employés dans les magasins.	Danger d'incendie.
Marbres (Sciage ou polissage à sec des).	Les enfants au-dessous de 18 ans ne seront pas employés lorsque les poussières se dégageront librement dans les ateliers.	Poussières nuisibles.
Matières minérales. (Broyage à sec des).	*Idem.*	*Idem.*
Mégisseries.	Les enfants au-dessous de 18 ans, les filles mineures et les femmes ne seront pas employés à l'épilage des peaux.	Danger d'empoisonnement.
Ménageries.	Les enfants au-dessous de 18 ans ne seront pas employés quand la ménagerie renferme des bêtes féroces ou venimeuses.	Danger d'accidents.
Moulins à broyer le plâtre, la chaux, les cailloux et les pouzzolanes.	Les enfants au-dessous de 18 ans ne seront pas employés quand les poussières se dégageront librement dans les ateliers.	Poussières nuisibles.
Nitrates métalliques obtenus par l'action directe des acides (Fabrication des).	Les enfants au-dessous de 18 ans, filles mineures et femmes ne seront pas employés dans les ateliers où se dégagent les vapeurs et où se manipulent les acides.	Vapeurs nuisibles.
Noir minéral (Fabrication du) par le broyage des résidus de la distillation des schistes bitumineux.	Les enfants au-dessous de 18 ans ne seront pas employés lorsque les poussières se dégageront librement dans les ateliers.	Poussières nuisibles.

ÉTABLISSEMENTS.	CONDITIONS.	MOTIFS.
Olives (Tourteaux d'). (Voir *Tourteaux*.)		
Ouates (Fabrication des)...	Les enfants au-dessous de 18 ans ne seront pas employés lorsque les poussières se dégageront librement dans les ateliers.	Poussières nuisibles.
Papier (Fabrication du)...	Les enfants au-dessous de 18 ans ne seront pas employés au triage et à la préparation des chiffons.	*Idem.*
Papiers peints. (Voir *Toiles peintes*.)		
Peaux, étoffes et déchets de laine (Dégraissage des) par les huiles de pétrole et autres hydrocarbures.	Les enfants au-dessous de 18 ans ne seront pas employés dans les ateliers où l'on traite par les dissolvants, où l'on trie, coupe et manipule les déchets.	Danger d'incendie. Poussières nuisibles.
Peaux (Lustrage et apprêtage des).	Les enfants au-dessous de 18 ans ne seront pas employés lorsque les poussières se dégageront librement dans les ateliers.	Poussières nuisibles.
Peaux de lapin ou de lièvre (Éjarrage et coupage des poils de).	*Idem*.................	*Idem.*
Pétrole. (Voir *Huiles de pétrole*, etc.)		
Pierre (Sciage et polissage de la).	*Idem*.................	*Idem.*
Pileries mécaniques de drogues.	*Idem*.................	*Idem.*
Pipes à fumer (Fabrication des).	*Idem*.................	*Idem.*
Plâtres (Fours à)........	*Idem*.................	*Idem.*
Poêliers, fournalistes, poêles et fourneaux en faïence et terre cuite. (Voir *Faïence*.)		
Porcelaine (Fabrication de la).	*Idem*.................	*Idem.*

ÉTABLISSEMENTS.	CONDITIONS.	MOTIFS.
Poteries de terre (Fabrication de) avec fours non fumivores.	Les enfants au-dessous de 18 ans ne seront pas employés lorsque les poussières se dégageront librement dans les ateliers.	Poussières nuisibles.
Pouzzolane artificielle (Fours à).	*Idem*.................	*Idem*.
Réfrigération (Appareils de) par l'acide sulfureux.	Les enfants au-dessous de 18 ans, les filles mineures et les femmes ne seront pas employés dans les ateliers où se dégagent des vapeurs acides.	Émanations nuisibles.
Sel de soude (Fabrication du) avec le sulfate de soude.	*Idem*.................	*Idem*.
Sinapismes (Fabrication des) à l'aide des hydrocarbures.	Les enfants au-dessous de 18 ans, les filles mineures et les femmes ne seront pas employés dans les ateliers où se manipulent les dissolvants.	Vapeurs nuisibles. Danger d'incendie.
Soies de porcs (Préparation des).	Les enfants au-dessous de 18 ans ne seront pas employés lorsque les poussières se dégageront librement dans les ateliers.	Poussière nuisible.
Soude. (Voir *Sulfate de soude*.)		
Soufre (Pulvérisation et blutage du).	*Idem*.................	*Idem*.
Sulfate de peroxyde de fer (Fabrication du) par le sulfate de protoxyde de fer et l'acide nitrique (nitro-sulfate de fer).	Les enfants au-dessous de 18 ans, les filles mineures et les femmes ne seront pas employés dans les ateliers où se dégagent les vapeurs acides.	Vapeurs nuisibles.
Sulfate de protoxyde de fer ou couperose verte par l'action de l'acide sulfurique sur la ferraille.	*Idem*.................	*Idem*.
Sulfate de soude (Fabrication du) par la décomposition du sel marin par l'acide sulfurique.	*Idem*.................	*Idem*.

ÉTABLISSEMENTS.	CONDITIONS.	MOTIFS.
Sulfure de carbone (Fabrication du).	Les enfants au-dessous de 18 ans ne seront pas employés dans les ateliers où se dégagent les vapeurs nuisibles.	Vapeurs délétères. Danger d'incendie.
Sulfure de carbone (Manufactures dans lesquelles on emploie en grand le).	*Idem*.................	*Idem.*
Sulfure de carbone (Dépôts de).	*Idem*.................	*Idem.*
Superphosphate de chaux et de potasse (Fabrication du).	Les enfants au-dessous de 18 ans, les filles mineures et les femmes ne seront pas employés dans les ateliers où se dégagent des vapeurs acides et des poussières.	Émanations nuisibles.
Tabacs (Manufactures de).	Les enfants au-dessous de 16 ans ne seront pas employés dans les ateliers où l'on démolit les masses.	*Idem.*
Taffetas et toiles vernis ou cirés (Fabrication de).	Les enfants au-dessous de 16 ans ne seront pas employés dans les ateliers où l'on prépare et applique les vernis.	Danger d'incendie.
Tan (Moulins à).........	Les enfants au-dessous de 18 ans ne seront pas employés quand les poussières se dégagent librement dans les ateliers.	Poussières nuisibles.
Tanneries.............	*Idem*.................	*Idem.*
Tapis (Battage en grand des). (Voir *Battage.*)		
Teillage du lin, du chanvre et du jute en grand.	*Idem*.................	*Idem.*
Teintureries...........	Les enfants au-dessous de 18 ans, les filles mineures et les femmes ne seront pas employés dans les ateliers où l'on emploie des matières toxiques.	Danger d'empoisonnement.

ÉTABLISSEMENTS.	CONDITIONS.	MOTIFS.
Térébenthine (Distillation et travail en grand de la). (Voir *Huiles de pétrole, de schiste*, etc.)		
Toiles cirées. (Voir *Taffetas et toiles vernies.*)		
Toiles peintes (Fabriques de).	Les enfants au-dessous de 18 ans, les filles mineures et les femmes ne seront pas employés dans les ateliers où l'on emploie des matières toxiques.	Danger d'empoisonnement.
Toiles vernies (Fabrique de). (Voir *Taffetas et toiles vernies.*)		
Tourteaux d'olives (Traitement des) par le sulfure de carbone.	Les enfants au-dessous de 18 ans, les filles mineures et les femmes ne seront pas employés dans les ateliers où l'on manipule le sulfure de carbone.	Émanations nuisibles.
Tôles et métaux vernis....	Les enfants au-dessous de 18 ans, les filles mineures et les femmes ne seront pas employés dans les ateliers où l'on emploie des matières toxiques.	Danger d'empoisonnement.
Vernis à l'esprit de vin (Fabrique de).	Les enfants au-dessous de 16 ans ne seront pas employés dans les ateliers où l'on prépare et manipule les vernis.	Danger d'incendie.
Vernis (Ateliers où l'on applique le) sur les cuirs, feutres, taffetas, toiles, chapeaux. (Voir ces mots.)		
Verreries, cristalleries et manufactures de glaces.	Les enfants au-dessous de 18 ans, les filles mineures et les femmes ne seront pas employés dans les ateliers où les poussières se dégagent librement et où il est fait usage de matières toxiques.	Poussières nuisibles.

ÉTABLISSEMENTS.	CONDITIONS.	MOTIFS.
Vessies nettoyées et débarrassées de toute substance membraneuse (Atelier pour le gonflement et le séchage des). Visières vernies (Fabrique de). (Voir *Feutres et visières*.)	Les enfants au-dessous de 18 ans, les filles mineures et les femmes ne seront pas employés au travail du soufflage.	Dangers d'affections pulmonaires.

Arrêté ministériel du 31 juillet 1894

Relatif aux surcharges.

Le Ministre du commerce, de l'industrie, des postes et des télégraphes,

Vu la loi du 2 novembre 1892;

Vu l'article 11 du décret du 13 mai 1893 ainsi conçu :

«Les jeunes ouvriers et ouvrières au-dessous de dix-huit ans employés dans l'industrie ne peuvent porter tant à l'intérieur qu'à l'extérieur des manufactures, usines, ateliers et chantiers des fardeaux d'un poids supérieur aux suivants :

Garçons..	au-dessous de 14 ans......................	10 kilogr.
	de 14 à 18 ans...........................	15
Ouvrières.	au-dessous de 16 ans....................	5
	de 16 à 18 ans...........................	10

«Il est interdit de faire traîner ou pousser par lesdits jeunes ouvriers et ouvrières, tant à l'intérieur des établissements industriels que sur la voie publique, des charges correspondant à des efforts plus grands que ceux ci-dessus indiqués.

«Les conditions d'équivalence des deux genres de ce travail seront déterminées par arrêté ministériel»;

Vu l'avis du Comité consultatif des arts et manufactures;

Sur la proposition du Conseiller d'État, Directeur du commerce intérieur,

Arrête :

La limite supérieure de la charge qui peut être traînée ou poussée par les jeunes ouvriers et ouvrières au-dessous de dix-huit ans, tant à l'intérieur des établissements industriels que sur la voie publique, est fixée ainsi qu'il suit, *véhicule compris :*

1° Wagonnets circulant sur voie ferrée :

Garçons.. { au-dessous de 14 ans...................... 3oo kilogr.
{ de 14 à 18 ans.......................... 5oo
Ouvrières. { au-dessous de 16 ans.................... 15o
{ de 16 à 18 ans.......................... 3oo

2° Brouettes :

Garçons de 14 à 18 ans............................... 4o kilogr.

3° Voitures à trois ou quatre roues, dites *placières, pousseuses, pousse-à-main :*

Garçons.. { au-dessous de 14 ans.................... 35 kilogr.
{ de 14 à 18 ans........................ 6o
Ouvrières. { au-dessous de 16 ans.................... 35
{ de 16 à 18 ans........................ 5o

4° Charrettes à bras, dites *haquets, brancards, charretons, voitures à bras,* etc. :

Garçons de 14 à 18 ans............................ 13o kilogr.

Décret du 15 juillet 1893 [1]

Relatif aux exceptions ou tolérances prévues par les articles 4, 5, 6 et 7
de la loi du 2 novembre 1892.

Le Président de la République française,

Sur le rapport du Ministre du commerce, de l'industrie et des colonies;

Vu les articles 4, 5, 6 et 7 de la loi du 2 novembre 1892, ainsi conçus :

«Art. 4. Les enfants âgés de moins de dix-huit ans, les filles mineures et les femmes ne peuvent être employés à aucun travail de nuit dans les établissements énumérés à l'article 1er.

«Tout travail entre 9 heures du soir et 5 heures du matin est considéré comme travail de nuit; toutefois le travail sera autorisé de 4 heures du matin à 10 heures du soir quand il sera réparti entre deux postes d'ouvriers ne travaillant pas plus de neuf heures chacun.

«Le travail de chaque équipe sera coupé par un repos d'une heure au moins.

---

[1] Modifié par le décret du 26 juillet 1895 dont le texte est imprimé à la suite du présent décret.

«Il sera accordé, pour les femmes et les filles âgées de plus de dix-huit ans, à certaines industries qui seront déterminées par un règlement d'administration publique et dans les conditions d'application qui seront précisées dans ledit règlement, la faculté de prolonger le travail jusqu'à 11 heures du soir, à certaines époques de l'année, pendant une durée totale qui ne dépassera pas soixante jours. En aucun cas, la journée de travail effectif ne pourra être prolongée au delà de douze heures.

«Il sera accordé à certaines industries déterminées par un règlement d'administration publique l'autorisation de déroger d'une façon permanente aux dispositions des paragraphes 1 et 2 du présent article, mais sans que le travail puisse, en aucun cas, dépasser sept heures par vingt-quatre heures.

«Le même règlement pourra autoriser, pour certaines industries, une dérogation temporaire aux dispositions précitées.

«En outre, en cas de chômage résultant d'une interruption accidentelle ou de force majeure, l'interdiction ci-dessus peut, dans n'importe quelle industrie, être temporairement levée par l'inspecteur pour un délai déterminé.

«Art. 5. Les enfants âgés de moins de dix-huit ans et les femmes de tout âge ne peuvent être employés dans les établissements énumérés à l'article 1er plus de six jours par semaine, ni les jours de fête reconnus par la loi, même pour rangement de l'atelier.

«Une affiche apposée dans les ateliers indiquera le jour adopté pour le repos hebdomadaire.

«Art. 6. Néanmoins, dans les usines à feu continu, les femmes majeures et les enfants du sexe masculin peuvent être employés tous les jours de la semaine, la nuit, aux travaux indispensables, sous la condition qu'ils auront au moins un jour de repos par semaine.

«Les travaux tolérés et le laps de temps pendant lequel ils peuvent être exécutés seront déterminés par un règlement d'administration publique.

«Art. 7. L'obligation du repos hebdomadaire et les restrictions relatives à la durée du travail peuvent être temporairement levées par l'inspecteur divisionnaire, pour les travailleurs visés à l'article 5, pour certaines industries à déterminer par un règlement d'administration publique.»

Vu l'avis du Comité consultatif des arts et manufactures;

Vu l'avis de la Commission supérieure instituée par l'article 22 de la loi précitée;

Le Conseil d'État entendu,

Décrète :

Article premier [1].

Art. 2. Il pourra être dérogé d'une façon permanente aux dispositions des paragraphes 1 et 2 de l'article 4 précité, pour les industries et les catégories de travailleurs énumérés ci-dessous, mais sans que le travail puisse dépasser sept heures par vingt-quatre heures :

---

[1] Abrogé. Voir décret du 26 juillet 1895, page 32.

INDUSTRIES.	TRAVAILLEURS.
Imprimés (Brochage des)......................	Filles majeures et femmes.
Journaux (Pliage des)........................	*Idem.*
Mines (Allumage des lampes de)...............	*Idem.*

ART. 3 [1].

ART. 4. Dans les usines à feu continu où des femmes majeures et des enfants du sexe masculin sont employés la nuit, les travaux tolérés pour ces deux catégories de travailleurs sont les suivants :

USINES À FEU CONTINU.	TRAVAILLEURS.	TRAVAUX TOLÉRÉS.
Distilleries de betteraves.	Enfants et femmes.	Laver, peser, trier la betterave, manœuvrer les robinets à jus et à eau, aider aux batteries de diffusion et aux appareils distillatoires.
Fer et fonte émaillés (Fabriques d'objets en).	Enfants..........	Manœuvrer à distance les portes des fours.
Huiles (Usines pour l'extraction des).	*Idem*..........	Remplir les sacs, les secouer après pressage, porter les sacs vides et les claies.
Papeteries	Enfants et femmes.	Aider les surveillants de machines, couper, trier, ranger, rouler et apprêter le papier.
Sucres (Fabriques et raffineries de).	*Idem*	Laver, peser, trier la betterave, manœuvrer les robinets à jus et à eau, surveiller les filtres, aider aux batteries de diffusion, coudre des toiles, laver des appareils et des ateliers, travailler le sucre en tablettes.
Usines métallurgiques...	Enfants........	Aider à la préparation des lits de fusion, aux travaux accessoires d'affinage, de laminage, de martelage et de tréfilage, de préparation des moules pour objets de fonte moulée, de rangement des paquets, des feuilles, des tubes et des fils.

---

[1] Abrogé. Voir décret du 26 juillet 1895, page 32.

USINES À FEU CONTINU.	TRAVAILLEURS.	TRAVAUX TOLÉRÉS.
Verreries...........	Enfants........	Présenter les outils, faire les premiers cueillages, aider au soufflage et au moulage, porter dans les fours à recuire, en retirer les objets, le tout dans les conditions prévues à l'article 7 du décret du 13 mai 1893.

Lorsque les femmes majeures et les enfants sont employés toute la nuit, leur travail doit être coupé par des intervalles de repos représentant un temps total de repos au moins égal à deux heures.

La durée du travail effectif ne peut d'ailleurs dépasser, dans les vingt-quatre heures, dix heures pour les femmes et les enfants.

Art. 5 [1].

Art. 6 [2].

Art. 7. Le Ministre du commerce, de l'industrie et des colonies est chargé de l'exécution du présent décret, qui sera inséré au *Bulletin des lois* et publié au *Journal officiel* de la République française.

Décret du 26 juillet 1895

Portant modification des articles 1, 3, 5 et 6 du règlement d'administration publique du 15 juillet 1893, rendu pour l'exécution de la loi du 2 novembre 1892 sur le travail des enfants, des filles mineures et des femmes dans les établissements industriels.

Le Président de la République française, etc.,

Décrète :

Article premier. Les articles 1er, 3, 5 et 6 du décret du 15 juillet 1893 sont modifiés ainsi qu'il suit :

«Article premier. Dans les industries ci-après déterminées, les femmes et les filles âgées de plus de 18 ans pourront être employées jusqu'à 11 heures du soir à certaines époques de l'année *et pendant une durée totale qui ne dépassera pas soixante jours par an*, sans que, en aucun cas, la durée du travail effectif puisse dépasser douze heures par vingt-quatre heures :

Broderie et passementerie pour confections;

[1-2] Abrogé. Voir décret du 26 juillet 1895 ci-dessous.

Chapeaux (Confection de) en toutes matières pour hommes et femmes;
Confections, coutures et lingeries pour femmes et enfants;
Confections en fourrures;
Pliage et encartonnage des rubans.

«ART. 3. Les industries énumérées ci-après sont autorisées à déroger temporairement aux dispositions relatives au travail de nuit, sans que le travail effectif des femmes, filles ou enfants employés la nuit puisse dépasser dix heures par vingt-quatre heures.

INDUSTRIES.	DURÉE TOTALE DES DÉROGATIONS.
Confiserie..	90 jours.
Conserves alimentaires de fruits et de légumes........	90 —
Conserves de poissons............................	90 —
Délainage des peaux de mouton....................	60 —
Parfums des fleurs (Extraction des)...............	90 —
Pâtes alimentaires et fabriques de biscuits employant le beurre frais................................	30 —
Réparations urgentes de navires et de machines motrices.	120 jours (enfants au-dessus de 16 ans).
Tonnellerie pour l'emballage des produits de la pêche.	90 jours.

«ART. 5. Les industries pour lesquelles l'obligation du repos hebdomadaire et les restrictions relatives à la durée du travail pourront être temporairement levées par l'inspecteur divisionnaire, pour les enfants âgés de moins de 18 ans et les femmes de tout âge, sont les suivantes :

Ameublement, tapisserie, passementerie pour meubles;
Bijouterie et joaillerie;
Biscuits employant le beurre frais (Fabriques de);
Blanchisseries de linge fin;
Briqueteries en plein air;
Brochage des imprimés;
Broderie et passementerie pour confections;
Cartons (Fabriques de) pour jouets, bonbons, cartes de visites, rubans;
Chapeaux (Confection de) en toutes matières pour hommes et femmes;
Corsets (Confection de);
Confections, coutures et lingeries pour femmes et enfants;
Confections pour hommes;
Confections en fourrures;
Conserves de fruits et confiserie, conserves de légumes et de poissons;
Corderies en plein air;
Couronnes funéraires (Fabriques de);

Délainage des peaux de moutons;
Dorure pour ameublement;
Dorure pour encadrements;
Fleurs (Extraction des parfums des);
Fleurs et plumes;
Imprimeries typographiques;
Imprimeries lithographiques;
Imprimeries en taille-douce;
Jouets, bimbeloterie, petite tabletterie et articles de Paris (Fabriques de);
Papier (Transformation du), fabrication des enveloppes, du cartonnage des cahiers d'écoles, des registres, des papiers de fantaisie;
Papiers de tenture,
Reliure;
Réparations urgentes de navires et de machines motrices;
Teinture, apprêt, blanchiment, impression, gaufrage et moirage des étoffes;
Tissage des étoffes de nouveauté destinées à l'habillement.
Tulles, dentelles et laizes de soie.

« ART. 6. Les chefs des industries autorisées soit à prolonger le travail jusqu'à 11 heures du soir, en vertu de l'article 1ᵉʳ, soit à déroger temporairement aux dispositions relatives au travail de nuit, en vertu de l'article 3, devront prévenir l'inspecteur ou l'inspectrice chaque fois qu'ils voudront faire usage de ces autorisations.

« L'avis sera donné par l'envoi, avant le commencement du travail exceptionnel, d'une carte postale. d'une lettre sous enveloppe ou d'un télégramme, de façon que le timbre de la poste fasse foi de la date dudit avis.

« Une copie de l'avis sera immédiatement affichée dans un endroit apparent des ateliers et y restera apposée pendant toute la durée de la dérogation.

« Dans les cas prévus à l'article 5, une copie de l'autorisation sera également affichée. »

ART. 2. Le Ministre du commerce, de l'industrie, des postes et des télégraphes est chargé de l'exécution du présent décret, qui sera inséré au *Bulletin des lois* et publié au *Journal officiel* de la République française.

Décret-Loi du 9 septembre 1848

Relatif aux heures de travail dans les manufactures et usines.

L'ASSEMBLÉE NATIONALE a adopté et le CHEF DU POUVOIR EXÉCUTIF promulgue le décret dont la teneur suit :

ARTICLE PREMIER. La journée de l'ouvrier dans les manufactures et usines ne pourra pas excéder douze heures de travail effectif.

ART. 2. Des règlements d'administration publique détermineront les exceptions qu'il sera nécessaire d'apporter à cette disposition générale, à raison de la nature des industries ou des causes de force majeure.

Art. 3. Il n'est porté aucune atteinte aux usages et aux conventions qui, antérieurement au 2 mars, fixaient pour certaines industries la journée de travail à un nombre d'heures inférieur à douze.

Art. 4. Tout chef de manufacture ou usine qui contreviendra au présent décret et aux règlements d'administration publique promulgués en exécution de l'article 2 sera puni d'une amende de cinq francs à cent francs.

Les contraventions donneront lieu à autant d'amendes qu'il y aura d'ouvriers indûment employés, sans que ces amendes réunies puissent s'élever au-dessus de mille francs.

Le présent article ne s'applique pas aux usages locaux et conventions indiqués dans la présente loi.

Art. 5. L'article 463 du Code pénal pourra toujours être appliqué.

Art. 6. Le décret du 2 mars en ce qui concerne la limitation des heures de travail est abrogé.

Décret du 17 mai 1851

Qui apporte des exceptions à l'article 1ᵉʳ de la loi du 9 septembre 1848
sur la durée du travail dans les manufactures et usines.

Le Président de la République,

Sur le rapport du Ministre de l'agriculture et du commerce,

Vu l'article 2 de la loi du 9 septembre 1848 sur la durée du travail dans les manufactures et usines;

Le Conseil d'État entendu,

Décrète ce qui suit :

Article premier. Ne sont point compris dans la limite de durée du travail fixée par la loi du 9 septembre 1848 les travaux industriels ci-après déterminés :

Travail des ouvriers employés à la conduite des fourneaux, étuves, sécheries ou chaudières à débouillir, lessiver ou aviver;

Travail des chauffeurs attachés au service des machines à vapeur, des ouvriers employés à allumer les feux avant l'ouverture des ateliers, des gardiens de nuit;

Travaux de décatissage;

Fabrication et dessiccation de la colle forte;

Chauffage dans les fabriques de savon;

Mouture des grains;

Imprimeries typographiques et imprimeries lithographiques, fonte, affinage, étamage, galvanisation de métaux, fabrication de projectiles de guerre.

Art. 2. Sont également exceptés de la disposition de l'article 1er de la loi du 9 septembre 1848 :

1° Le nettoiement des machines à la fin de la journée;

2° Les travaux que rendent immédiatement nécessaires un accident arrivé à un moteur, à une chaudière, à l'outillage ou au bâtiment même d'une usine, ou tout autre cas de force majeure.

Art. 3. La durée du travail effectif peut être prolongé au delà de la limite légale.

1° D'une heure à la fin de la journée de travail, pour le lavage et l'étendage des étoffes dans les teintureries, blanchisseries et dans les fabriques d'indiennes;

2° De deux heures dans les fabriques et raffineries de sucre, et dans les fabriques de produits chimiques;

3° De deux heures pendant cent vingt-cinq jours ouvrables par année, au choix des chefs d'établissements, dans les usines de teinturerie, d'imprimerie sur étoffes, d'apprêt d'étoffes et de pressage.

Art. 4. Tout chef d'usine ou de manufacture qui voudra user des exceptions autorisées par le dernier paragraphe de l'article 3 sera tenu de faire savoir préalablement au préfet, par l'intermédiaire du maire qui donnera récépissé de la déclaration, les jours pendant lesquels il se propose de donner au travail une durée exceptionnelle.

Décret du 31 janvier 1866

Relatif à la durée du travail effectif dans les ateliers de filature de soie.

Napoléon, par la grâce de Dieu et la volonté nationale, Empereur des Français, à tous présents et à venir, Salut.

Sur le rapport de notre Ministre, secrétaire d'État au Département de l'agriculture, du commerce et des travaux publics;

Vu l'article 2 de la loi du 9 septembre 1848, sur la durée du travail dans les manufactures et usines;

Notre Conseil d'État entendu,

Avons décrété et décrétons ce qui suit :

Article premier. Par exception à la limitation établie dans l'article 1er de la loi du 9 septembre 1848, la durée du travail effectif dans les ateliers de filature de soie pourra être prolongée d'une heure par jour pendant soixante jours, du 1er mai au 1er septembre.

Art. 2. Notre Ministre, secrétaire d'État au Département de l'agriculture, du commerce et des travaux publics est chargé de l'exécution du présent décret, qui sera inséré au *Bulletin des lois* et publié au *Moniteur*.

Décret du 3 août 1889

Modifiant l'article 1ᵉʳ du décret du 17 mai 1851.

Le Président de la République française,

Sur le rapport du Président du Conseil, Ministre du commerce, de l'industrie et des colonies,

Vu l'article 2 de la loi du 9 septembre 1848, sur la durée du travail dans les manufactures et usines;

Vu le décret du 17 mai 1851, apportant des exceptions à l'article 1ᵉʳ de la loi du 7 septembre 1848;

Le Conseil d'État entendu,

Décrète :

Article premier. L'article 1ᵉʳ du décret du 17 mai 1851 est modifié ainsi qu'il suit :

Ne sont point compris dans la limite de durée du travail, fixée par la loi du 9 septembre 1848, les travaux industriels ci-après déterminés :

Travail des ouvriers employés à la conduite des fourneaux, étuves, sécheries ou chaudières à débouillir, lessiver ou aviver;

Travail des chauffeurs attachés au service des machines à vapeur, des ouvriers employés à allumer les feux avant l'ouverture des ateliers, des gardiens de nuit;

Travaux de décatissage;

Fabrication et dessiccation de la colle forte;

Chauffage dans les fabriques de savon;

Mouture des grains;

Imprimeries typographiques et imprimeries lithographiques; fonte, affinage, étamage, galvanisation des métaux; fabrication de projectiles de guerre *et tous travaux exécutés sur l'ordre du Gouvernement dans l'intérêt de la sûreté et de la défense nationale*[1].

Art. 2. Le Président du Conseil, Ministre du commerce, de l'industrie et des colonies, est chargé de l'exécution du présent décret, qui sera inséré au *Bulletin des lois* et publié au *Journal officiel* de la République française.

---

[1] La partie en *italique* est la seule modification au décret de 1851.

Loi du 12 juin 1893

Concernant l'hygiène et la sécurité des travailleurs dans les établissements industriels.

Le Sénat et la Chambre des députés ont adopté,

Le Président de la République promulgue la loi dont la teneur suit :

Article premier. Sont soumis aux dispositions de la présente loi les manufactures, fabriques, usines, chantiers, ateliers de tout genre et leurs dépendances.

Sont seuls exceptés les établissements où ne sont employés que les membres de la famille sous l'autorité soit du père, soit de la mère, soit du tuteur.

Néanmoins, si le travail s'y fait à l'aide de chaudière à vapeur ou de moteur mécanique, ou si l'industrie exercée est classée au nombre des établissements dangereux ou insalubres, l'inspecteur aura le droit de prescrire les mesures de sécurité et de salubrité à prendre conformément aux dispositions de la présente loi.

Art. 2. Les établissements visés à l'article 1er doivent être tenus dans un état constant de propreté et présenter les conditions d'hygiène et de salubrité nécessaires à la santé du personnel.

Ils doivent être aménagés de manière à garantir la sécurité des travailleurs. Dans tout établissement fonctionnant par des appareils mécaniques, les roues, les courroies, les engrenages où tout autre organe pouvant offrir une cause de dangers seront séparés des ouvriers de telle manière que l'approche n'en soit possible que pour les besoins du service. Les puits, trappes et ouverture doivent être clôturés.

Les machines, mécanismes, appareils de transmission, outils et engins doivent être installés et tenus dans les meilleures conditions possibles de sécurité.

Les dispositions qui précèdent sont applicables aux théâtres, cirques, magasins et autres établissements similaires où il est fait emploi d'appareils mécaniques.

Art. 3. Des règlements d'administration publique, rendus après avis du Comité consultatif des arts et manufactures, détermineront :

1° Dans les trois mois de la promulgation de la présente loi, les mesures générales de protection et de salubrité applicables à tous les établissements assujettis, notamment en ce qui concerne l'éclairage, l'aération ou la ventilation, les eaux potables, les fosses d'aisances, l'évacuation des poussières et vapeurs, les précautions à prendre contre les incendies, etc.;

2° Au fur et à mesure des nécessités constatées, les prescriptions particulières relatives soit à certaines industries, soit à certains modes de travail.

Le Comité consultatif d'hygiène publique de France sera appelé à donner son avis en ce qui concerne les règlements généraux prévus au paragraphe 2 du présent article.

Art. 4. Les inspecteurs du travail sont chargés d'assurer l'exécution de la présente loi et des règlements qui y sont prévus; ils ont entrée dans les établissements spécifiés à l'article 1er et au dernier paragraphe de l'article 2, à l'effet de procéder à la surveillance et aux enquêtes dont ils sont chargés.

ART. 5. Les contraventions sont constatées par les procès-verbaux des inspecteurs, qui font foi jusqu'à preuve contraire.

Les procès-verbaux sont dressés en double exemplaire, dont l'un est envoyé au préfet du département et l'autre envoyé au parquet.

Les dispositions ci-dessus ne dérogent point aux règles du droit commun quant à la constatation et à la poursuite des infractions commises à la présente loi.

ART. 6. Toutefois, en ce qui concerne l'application des règlements d'administration publique prévus par l'article 3 ci-dessus, les inspecteurs, avant de dresser procès-verbal, mettront les chefs d'industrie en demeure de se conformer aux prescriptions dudit règlement.

Cette mise en demeure sera faite par écrit sur le registre de l'usine; elle sera datée et signée, indiquera les contraventions relevées et fixera un délai à l'expiration duquel ces contraventions devront avoir disparu. Ce délai ne sera jamais inférieur à un mois.

Dans les quinze jours qui suivent cette mise en demeure, le chef d'industrie adresse, s'il le juge convenable, une réclamation au Ministre du commerce et de l'industrie. Ce dernier peut, lorsque l'obéissance à la mise en demeure nécessite des transformations importantes portant sur le gros œuvre de l'usine, après avis conforme du Comité des arts et manufactures, accorder à l'industriel un délai dont la durée, dans tous les cas, ne dépassera jamais dix-huit mois.

Notification de la décision est faite à l'industriel dans la forme administrative; avis en est donné à l'inspecteur.

ART. 7. Les chefs d'industrie, directeurs, gérants ou préposés qui auront contrevenu aux dispositions de la présente loi et des règlements d'administration publique relatifs à son exécution seront poursuivis devant le tribunal de simple police et punis d'une amende de 5 francs à 15 francs. L'amende sera appliquée autant de fois qu'il y aura de contraventions distinctes constatées par le procès-verbal, sans toutefois que le chiffre total des amendes puisse excéder 200 francs.

Le jugement fixera, en outre, le délai dans lequel seront exécutés les travaux de sécurité et de salubrité imposés par la loi.

Les chefs d'industrie sont civilement responsables des condamnations prononcées contre leurs directeurs, gérants ou préposés.

ART. 8. Si, après une condamnation prononcée en vertu de l'article précédent, les mesures de sécurité ou de salubrité imposées par la présente loi ou par les règlements d'administration publique n'ont pas été exécutées dans le délai fixé par le jugement qui a prononcé la condamnation, l'affaire est, sur un nouveau procès-verbal, portée devant le tribunal correctionnel, qui peut, après une nouvelle mise en demeure restée sans résultat, ordonner la fermeture de l'établissement.

Le jugement sera susceptible d'appel; la cour statuera d'urgence.

ART. 9. En cas de récidive, le contrevenant sera poursuivi devant le tribunal correctionnel et puni d'une amende de 5o à 5oo francs, sans que la totalité des amendes puisse excéder 2,000 francs.

Il y a récidive lorsque le contrevenant a été frappé, dans les douze mois qui ont précédé le fait qui est l'objet de la poursuite, d'une première condamnation pour infraction à la présente loi ou aux règlements d'administration publique relatifs à son exécution.

Art. 10. Les inspecteurs devront fournir, chaque année, des rapports circonstanciés sur l'application de la présente loi dans toute l'étendue de leur circonscription. Ces rapports mentionneront les accidents dont les ouvriers auront été victimes et leurs causes. Ils contiendront les propositions relatives aux prescriptions nouvelles qui seraient de nature à mieux assurer la sécurité du travail.

Un rapport d'ensemble, résumant ces communications, sera publié tous les ans par les soins du Ministre du commerce et de l'industrie.

Art. 11. Tout accident ayant causé une blessure à un ou plusieurs ouvriers, survenu dans un des établissements mentionnés à l'article 1er et au dernier paragraphe de l'article 2, sera l'objet d'une déclaration par le chef de l'entreprise ou, à son défaut et en son absence, par le préposé.

Cette déclaration contiendra le nom et l'adresse des témoins de l'accident; elle sera faite dans les quarante-huit heures au maire de la commune, qui en dressera procès-verbal dans la forme à déterminer par un règlement d'administration publique. A cette déclaration sera joint, produit par le patron, un certificat du médecin indiquant l'état du blessé, les suites probables de l'accident et l'époque à laquelle il sera possible d'en connaître le résultat définitif.

Récépissé de la déclaration et du certificat médical sera remis, séance tenante, au déposant. Avis de l'accident est donné immédiatement par le maire à l'inspecteur divisionnaire ou départemental.

Art. 12. Seront punis d'une amende de 1oo à 5oo francs et, en cas de récidive, de 5oo à 1,000 francs, tous ceux qui auront mis obstacle à l'accomplissement des devoirs d'un inspecteur.

Les dispositions du Code pénal qui prévoient et répriment les actes de résistance, les outrages et les violences contre les officiers de la police judiciaire sont, en outre, applicables à ceux qui se rendront coupables de faits de même nature à l'égard des inspecteurs.

Art. 13. Il n'est rien innové quant à la surveillance des appareils à vapeur.

Art. 14. L'article 463 du Code pénal est applicable aux condamnations prononcées en vertu de la présente loi.

Art. 15. Sont et demeurent abrogées toutes les dispositions des lois et règlements contraires à la présente loi.

La présente loi, délibérée et adoptée par le Sénat et par la Chambre des députés, sera exécutée comme loi de l'État.

Décret du 20 novembre 1893

Relatif aux déclarations d'accidents.

Le Président de la République française,

Sur le rapport du Ministre du commerce, de l'industrie et des colonies;

Vu l'article 11 de la loi du 12 juin 1893, ainsi conçu :

« Tout accident ayant occasionné une blessure à un ou plusieurs ouvriers, survenu dans un des établissements mentionnés à l'article 1ᵉʳ et au dernier paragraphe de l'article 2, sera l'objet d'une déclaration par le chef de l'entreprise ou, à son défaut et en son absence, par le préposé.

« Cette déclaration contiendra le nom et l'adresse des témoins de l'accident ; elle sera faite dans les quarante-huit heures au maire de la commune, qui en dressera procès-verbal dans la forme à déterminer par un règlement d'administration publique. A cette déclaration sera joint, produit par le patron, un certificat du médecin, indiquant l'état du blessé, les suites probables de l'accident et l'époque à laquelle il sera possible d'en connaître le résultat définitif.

« Récépissé de la déclaration et du certificat médical sera remis, séance tenante, au déposant.

« Avis de l'accident est donné immédiatement par le maire à l'inspecteur divisionnaire ou départemental » ;

Le Conseil d'État entendu,

Décrète :

Article premier. Le procès-verbal de la déclaration d'un accident à dresser en vertu de l'article 11 de la loi du 12 juin 1893, par le maire de la commune où cet accident s'est produit, sera rédigé conformément au modèle annexé au présent décret.

Art. 2. Le Ministre du commerce, de l'industrie et des colonies est chargé de l'exécution du présent décret, qui sera inséré au *Bulletin des lois* et publié au *Journal officiel* de la République française.

DÉPARTEMENT

d

ARRONDISSEMENT

d

CANTON

d

COMMUNE

d

(1) Nom et prénoms.

(2) Indiquer la date et l'heure.

(3) Indiquer les nom, prénoms, profession et adresse; mentionner, en cas d'absence ou à défaut du chef de l'entreprise, que la déclaration a bien été faite par son préposé.

(4) Effacer *isolé* ou *multiple* suivant les cas.

(5) Indiquer la nature de l'établissement et le lieu où il est situé, ainsi que l'atelier où a eu lieu l'accident.

(6) Indiquer les nom, prénoms, âge, sexe, profession et adresse de la victime ou des victimes.

(7) Indiquer les noms, professions et adresses.

RÉPUBLIQUE FRANÇAISE.

MAIRIE D

PROCÈS-VERBAL

DE DÉCLARATION D'ACCIDENT [A].

(Art. 11 de la loi du 12 juin 1893.)

Par-devant nous (1),
maire de la commune d   , département d
soussigné,
a comparu le (2)
M. (3)

qui nous a remis, en vertu de l'article 11 de la loi du 12 juin 1893, une déclaration relative à un accident isolé *ou* multiple (4) survenu le (2)
dans (5)
à (6)

Cette déclaration constate que : 1° l'accident résulte de la circonstance suivante :

2° Que les témoins de l'accident sont (7)

A cette déclaration était joint un certificat de M. (1)

[A] Sont seuls considérés comme accidents ceux qui paraissent devoir entraîner une incapacité de travail de **trois jours au moins.**

médecin à   , donnant par victime les rensei-
gnements suivants :

NOM ET PRÉNOMS DES VICTIMES.	SEXE ET ÂGE DES VICTIMES.	SUITES DE L'ACCIDENT.		SUITES PROBABLES DE LA BLESSURE.	ÉPOQUE À LAQUELLE il sera possible d'en connaître le résultat définitif.
		MORTS.	NATURE de la blessure.		

La déclaration et le certificat médical ont été annexés au présent procès-verbal pour être transmis à M. l'Inspecteur départemental du travail en résidence à

Fait et arrêté le présent procès-verbal les jour, mois et an que dessus, lequel a été signé avec nous par le déclarant après lecture faite.

(*Signatures.*)

Décret du 10 mars 1894.

Le Président de la République française,

Sur le rapport du Ministre du commerce, de l'industrie et des colonies;

Vu l'article 3 de la loi du 11 juin 1893, ainsi conçu :

«Des règlements d'administration publique, rendus après avis du Comité consultatif des arts et manufactures, détermineront :

1° Dans les trois mois de la promulgation de la présente loi, les mesures générales de protection et de salubrité applicables à tous les établissements assujettis, notamment en ce qui concerne l'éclairage, l'aération ou la ventilation, les eaux potables, les fosses d'aisances, l'évacuation des poussières et vapeurs, les précautions à prendre contre l'incendie, etc.;

«2° Au fur et à mesure des nécessités constatées, les prescriptions particulières relatives soit à certaines industries, soit à certain mode de travail;

«Le Comité consultatif d'hygiène publique de France sera appelé à donner son avis en ce qui concerne les règlements généraux prévus au paragraphe 2 du présent article»;

Vu l'avis du Comité consultatif d'hygiène publique de France;

Vu l'avis du Comité consultatif des arts et manufactures;

Le Conseil d'État entendu,

Décrète :

Article premier. Les emplacements affectés au travail dans les manufactures, fabriques, usines, chantiers, ateliers de tous genres et leurs dépendances seront tenus en état constant de propreté. Le sol sera nettoyé à fond au moins une fois par jour avant l'ouverture ou après la clôture du travail, mais jamais pendant le travail. Ce nettoyage sera fait soit par un lavage, soit à l'aide de brosses ou de linges humides si les conditions de l'industrie ou de la nature du revêtement du sol s'opposent au lavage. Les murs et les plafonds seront l'objet de fréquents nettoyages; les enduits seront refaits toutes les fois qu'il sera nécessaire.

Art. 2. Dans les locaux où l'on travaille des matières organiques altérables, le sol sera rendu imperméable et toujours bien nivelé, les murs seront recouverts d'un enduit permettant un lavage efficace.

En outre, le sol et les murs seront lavés aussi souvent qu'il sera nécessaire avec une solution désinfectante. Un lessivage à fond avec la même solution sera fait au moins une fois par an.

Les résidus putrescibles ne devront jamais séjourner dans les locaux affectés au travail et seront enlevés au fur et à mesure.

Art. 3. L'atmosphère des ateliers et de tous les autres locaux affectés au travail sera tenue constamment à l'abri de toute émanation provenant d'égouts, fossés, puisards, fosses d'aisances ou de toute autre source d'infection.

Dans les établissements qui déverseront les eaux résiduaires ou de lavage dans un égout public ou privé, toute communication entre l'égout et l'établissement sera munie d'un intercepteur hydraulique fréquemment nettoyé et abondamment lavé au moins une fois par jour.

Les travaux dans les puits, conduites de gaz, canaux de fumée, fosses d'aisances, cuves ou appareils quelconques pouvant contenir des gaz délétères ne seront entrepris qu'après que l'atmosphère aura été assainie par une ventilation efficace. Les ouvriers appelés à travailler dans ces conditions seront attachés par une ceinture de sûreté.

Art. 4. Les cabinets d'aisances ne devront pas communiquer directement avec les locaux fermés où seront employés les ouvriers. Ils seront éclairés, abondamment pourvus d'eau, munis de cuvettes avec inflexion siphoïde du tuyau de chute. Le sol, les parois, seront en matériaux imperméables, les peintures seront d'un ton clair.

Il y aura au moins un cabinet pour cinquante personnes et des urinoirs en nombre suffisant.

Aucun puits absorbant, aucune disposition analogue ne pourra être établie qu'avec l'autorisation de l'administration supérieure et dans les conditions qu'elle aura prescrites.

Art. 5. Les locaux fermés affectés au travail ne seront jamais encombrés; le cube d'air par ouvrier ne pourra être inférieur à 6 mètres cubes.

Ils seront largement aérés. Ces locaux, leurs dépendances et notamment les passages et escaliers seront convenablement éclairés.

Art. 6. Les poussières ainsi que les gaz incommodes, insalubres ou toxiques seront évacués directement au dehors de l'atelier au fur et à mesure de leur production.

Pour les buées, vapeurs, gaz, poussières légères, il sera installé des hottes avec cheminées d'appel ou tout autre appareil d'élimination efficace.

Pour les poussières déterminées par les meules, les batteurs, les broyeurs et tous autres appareils mécaniques, il sera installé, autour des appareils, des tambours en communication avec une ventilation aspirante énergique.

Pour les gaz lourds, tels que vapeurs de mercure, de sulfure de carbone, la ventilation aura lieu *per descensum :* les tables ou appareils de travail seront mis en communication directe avec le ventilateur.

La pulvérisation des matières irritantes ou toxiques ou autres opérations telles que le tamisage et l'embarillage de ces matières se feront mécaniquement en appareils clos.

L'air des ateliers sera renouvelé de façon à rester dans l'état de pureté nécessaire à la santé des ouvriers.

Art. 7. Pour les industries désignées par arrêté ministériel, après avis du Comité consultatif des arts et manufactures, les vapeurs, les gaz incommodes et insalubres et les poussières seront condensés ou détruits.

Art. 8. Les ouvriers ne devront point prendre leurs repas dans les ateliers ni dans aucun local affecté au travail.

Les patrons mettront à la disposition de leur personnel les moyens d'assurer la propreté individuelle, vestiaires avec lavabos, ainsi que l'eau de bonne qualité pour la boisson.

Art. 9. Pendant les interruptions de travail pour les repas, les ateliers seront évacués et l'air en sera entièrement renouvelé.

Art. 10. Les moteurs à vapeur, à gaz, les moteurs électriques, les roues hydrauliques, les turbines, ne seront accessibles qu'aux ouvriers affectés à leur surveillance. Ils seront isolés par des cloisons ou barrières de protection.

Les passages entre les machines, mécanismes, outils mus par ces moteurs auront une largeur d'au moins 88 centimètres : le sol des intervalles sera nivelé.

Les escaliers seront solides et munis de fortes rampes.

Les puits, trappes, cuves, bassins, réservoirs de liquides corrosifs ou chauds seront pourvus de solides barrières ou garde-corps.

Les échafaudages seront munis, sur toutes leurs faces, de garde-corps de 90 centimètres de haut.

Art. 11. Les monte-charges, ascenseurs, élévateurs, seront guidés et disposés de manière que la voie de la cage du monte-charge et des contrepoids soit fermée; que la fermeture du puits à l'entrée des divers étages ou galeries s'effectue automatiquement; que rien ne puisse tomber du monte-charge dans le puits.

Pour les monte-charges destinés à transporter le personnel, la charge devra être calculée au tiers de la charge admise pour le transport des marchandises, et les monte-charges seront pourvus de freins, chapeaux, parachutes ou autres appareils préservateurs.

Art. 12. Toutes les pièces saillantes mobiles et autres parties dangereuses des machines, et notamment les bielles, roues, volants, les courroies et câbles, les engrenages, les cylindres et cônes de frictions ou tous autres organes de transmission qui seraient reconnus dangereux seront munis de dispositifs protecteurs, tels que gaines et chéneaux de bois ou de fer, tambours pour les courroies et les bielles, ou de couvre-engrenage, garde-mains, grillages.

Les machines-outils à instruments tranchants, tournant à grande vitesse, telles que machines à scier, fraiser, raboter, découper, hacher, les cisailles, coupe-chiffons et autres engins semblables seront disposés de telle sorte que les ouvriers ne puissent, de leur poste de travail, toucher involontairement les instruments tranchants.

Sauf le cas d'arrêt du moteur, le maniement des courroies sera toujours fait par le moyen de systèmes tels que monte-courroie, porte-courroie, évitant l'emploi direct de la main.

On devra prendre autant que possible des dispositions telles qu'aucun ouvrier, ne soit habituellement occupé à un travail quelconque dans le plan de rotation ou aux abords immédiats d'un volant, d'une meule ou de tout autre engin pesant et tournant à grande vitesse.

Art. 13. La mise en train et l'arrêt des machines devront être toujours précédés d'un signal convenu.

Art. 14. L'appareil d'arrêt des machines motrices sera toujours placé sous la main des conducteurs qui dirigent ces machines.

Les contremaîtres ou chefs d'atelier, les conducteurs de machines-outils, métiers, etc., auront à leur portée le moyen de demander l'arrêt des moteurs.

Art. 15. Des dispositifs de sûreté devront être installés dans la mesure du possible pour le nettoyage et le graissage de transmissions ou mécanismes en marche.

En cas de réparation d'un organe mécanique quelconque, son arrêt devra être assuré par un calage convenable de l'embrayage ou du volant : il en sera de même pour les opérations de nettoyage qui exigent l'arrêt des organes mécaniques.

Art. 16. Les sorties des ateliers sur les cours, vestibules, escaliers et autres dépendances intérieures de l'usine doivent être munies de portes s'ouvrant de dedans en dehors. Ces sorties seront assez nombreuses pour permettre l'évacuation rapide de l'atelier; elles seront toujours libres et ne devront jamais être encombrées de marchandises, de matières en dépôt ni d'objets quelconques.

Le nombre des escaliers sera calculé de manière que l'évacuation de tous les étages d'un corps de bâtiment contenant des ateliers puisse se faire immédiatement.

Dans les ateliers occupant plusieurs étages, la construction d'un escalier incombustible pourra, si la sécurité l'exige, être prescrite par une décision du Ministre du commerce, après avis du Comité des arts et manufactures.

Les récipients pour l'huile de pétrole servant à l'éclairage seront placés dans des locaux séparés et jamais au voisinage des ateliers.

Art. 17. Les machines dynamos devront être isolées électriquement.

Elles ne seront jamais placées dans un atelier où des corps explosifs, des gaz détonants ou des poussières inflammables se manient ou se produisent.

Les conducteurs électriques placés en plein air pourront rester nus : dans ce cas, ils devront être portés par des isolateurs de porcelaine ou de verre; ils seront écartés des masses métalliques, telles que gouttière, tuyaux de descente, etc.

A l'intérieur des ateliers, les conducteurs nus destinés à des prises de courant sur leur parcours seront écartés des murs, hors de la portée de la main, et convenablement isolés.

Les autres conducteurs seront protégés par des enveloppes isolantes.

Toutes précautions seront prises pour l'échauffement des conducteurs à l'aide de coupe-circuits et autres dispositifs analogues.

Art. 18. Les ouvriers et ouvrières qui ont à se tenir près des machines doivent porter des vêtements ajustés et non flottants.

Art. 19. Les délais d'exécution des travaux de transformation qu'implique le présent règlement sont fixés : à trois mois à compter de sa promulgation, pour les articles 2. § 1; 3, § 2; 4, § 1 et 2; 6, § 1, 2, 3, 4 et 5; 8, § 2; 11; 12, § 1, 2 et 3; 14, § 2; 15, § 1; 16, § 1 et 2; 17, et à un an pour les articles 5, § 1 et 10, 2.

Art. 20. Le Ministre du commerce, de l'industrie et des colonies est chargé de l'exécution cu présent décret, qui sera inséré au *Bulletin des lois* et publié au *Journal officiel* de la République française.

Décret du 13 décembre 1892

Sur l'organisation du service de l'inspection du travail dans l'industrie.

Le Président de la République française,

Sur le rapport du Ministre du commerce et de l'industrie;

Vu les paragraphes 1, 2, 3, 4, 5 et 6 de l'article 18 de la loi du 2 novembre 1892, ainsi conçus :

« Les inspecteurs du travail sont nommés par le Ministre du commerce et de l'industrie.

« Ce service comprendra :

« 1° Des inspecteurs divisionnaires;

« 2° Des inspecteurs ou inspectrices départementaux.

« Un décret, rendu après avis du Comité des arts et manufactures et de la Commission supérieure du travail ci-dessous instituée déterminera les départements dans lesquels il y aura lieu de créer des inspecteurs départementaux. Il fixera le nombre, le traitement et les frais de tournée de ces inspecteurs.

« Les inspecteurs et inspectrices départementaux sont placés sous l'autorité de l'inspecteur divisionnaire »;

Vu le paragraphe 2 de l'article 19 de ladite loi, ainsi conçu : « la nomination au poste d'inspecteur titulaire ne sera définitive qu'après un stage d'un an »;

Vu l'avis du Comité consultatif des arts et manufactures;

Vu l'avis de la Commission supérieure instituée par l'article 22 de la loi précitée,

Décrète :

Article premier. Le nombre des inspecteurs du travail est fixé comme suit :

11 inspecteurs divisionnaires;

92 inspecteurs ou inspectrices départementaux.

Art. 2. La délimitation des circonscriptions attribuées aux inspecteurs divisionnaires, le lieu de leurs résidences, l'indication du département ou des départements inspectés par les inspecteurs ou inspectrices départementaux, les lieux de résidence de ces inspecteurs ou inspectrices sont inscrits au tableau suivant [1] :

Art. 3. Dans les départements de la Seine, de la Marne et de la Meuse, du Nord et du Pas-de-Calais, de la Seine-Inférieure, des Bouches-du-Rhône, du Rhône, de la Loire et de la Haute-Loire, un arrêté ministériel déterminera la circonscription à attribuer à chaque inspecteur ou inspectrice départemental.

---

[1] Voir le tableau du personnel de l'inspection.

Art. 4. Les inspecteurs ou inspectrices stagiaires institués par l'article 19 de la loi recevront un traitement annuel de 2,400 francs; ce traitement sera soumis à la retenue conformément à la loi du 9 juin 1853 sur les pensions civiles.

Art. 5. Il est créé cinq classes d'inspecteurs ou d'inspectrices départementaux :

La 5ᵉ classe recevra un traitement de.................	3,000 francs.
La 4ᵉ classe un traitement de......................	3,500
La 3ᵉ classe un traitement de......................	4,000
La 2ᵉ classe un traitement de......................	4,500
La 1ʳᵉ classe un traitement de.....................	5,000

Art. 6. Il est créé trois classes d'inspecteurs divisionnaires :

La 3ᵉ classe recevra un traitement de.................	6,000 francs.
La 2ᵉ classe un traitement de......................	7,000
La 1ʳᵉ classe un traitement de......................	8,000

Art. 7. Les inspecteurs et inspectrices ne pourront être élevés de classe qu'après trois ans de service dans la classe immédiatement inférieure; leur classement sera personnel.

Les inspecteurs divisionnaires sont nommés au choix parmi les inspecteurs départementaux appartenant au moins à la 2ᵉ classe.

Art. 8. Les frais de tournée des inspecteurs et inspectrices, à l'exception de ceux de la Seine, seront réglés sur état selon les formes prescrites par décisions du Ministre du commerce et de l'industrie.

Pour les inspecteurs divisionnaires le taux kilométrique est fixé à 12 centimes pour les déplacements par chemins de fer, et à 50 centimes pour les déplacements par voie de terre. Les frais de séjour seront réglés à raison de 15 francs par jour.

Pour les inspecteurs et inspectrices départementaux, le taux kilométrique est fixé à 8 centimes pour les déplacements par chemins de fer, et à 50 centimes pour les déplacements par voie de terre. Leurs frais de séjour seront réglés à raison de 15 francs par jour.

Les frais de transport par mer, entre Marseille et la Corse, seront remboursés aux inspecteurs d'après le prix des places en première classe.

Il sera alloué aux inspecteurs divisionnaires des frais de bureau fixés à 1,800 francs pour l'inspecteur divisionnaire de la première circonscription, et à 1,200 francs pour les autres inspecteurs divisionnaires.

Art. 9. L'inspecteur divisionnaire résidant à Paris recevra, pour frais de tournée dans le département de la Seine et de résidence, une indemnité fixe de 3,000 francs par an. Ses frais de tournée dans les départements de Seine-et-Marne et de Seine-et-Oise lui seront remboursés sur le même taux qu'aux autres inspecteurs divisionnaires.

Les inspecteurs et inspectrices départementaux du département de la Seine recevront une indemnité fixe de 500 francs pour frais de bureau et de déplacement dans l'enceinte de Paris; l'indemnité sera de 800 francs pour les inspecteurs attachés au service de la banlieue.

Art. 10. Les déplacements des inspecteurs hors de leur circonscription, nécessités par les besoins du service, seront comptés comme frais de tournée et réglés sur état aux mêmes tarifs.

Art. 11. Les inspecteurs divisionnaires, actuellement en fonctions, qui seront chargés d'un service d'inspection départementale dans les conditions du présent décret, conserveront, à titre transitoire, leur traitement actuel.

Art. 12. Le Ministre du commerce et de l'industrie est chargé de l'exécution du présent décret, qui sera inséré au *Bulletin des lois* et publié au *Journal officiel* de la République française.

CONDITIONS D'ADMISSIBILITÉ
ET PROGRAMME DU CONCOURS

POUR L'EMPLOI D'INSPECTEUR DÉPARTEMENTAL
OU D'INSPECTRICE DÉPARTEMENTALE DU TRAVAIL DANS L'INDUSTRIE.

Le recrutement des inspecteurs et inspectrices départementaux a lieu exclusivement par la voie du concours.

Nul n'est admis à concourir :

1° S'il ne justifie de la qualité de Français ;

2° S'il n'a accompli sa *vingt-sixième année* au moins et sa *trente-cinquième année* au plus au 1ᵉʳ janvier de l'année pendant laquelle a été pris l'arrêté ministériel ouvrant le concours. *Aucune dispense d'âge n'est accordée.*

Les concours ont lieu suivant les besoins du service ; le nombre de places mises au concours et la date des examens sont fixés par arrêté ministériel.

Cet arrêté fixe la date à laquelle les demandes d'admission doivent être parvenues au Ministère du commerce, de l'industrie et des colonies.

Les demandes d'admission au concours doivent être accompagnées des pièces suivantes :

1° Une expédition authentique de l'acte de naissance du candidat, et, s'il y a lieu, un certificat établissant qu'il possède la qualité de Français ;

2° Un certificat d'un médecin désigné par le préfet dans les départements. et par le préfet de police à Paris, et constatant que le candidat est d'une bonne constitution et exempt de toute infirmité le rendant impropre à faire un service actif ;

3° Un certificat de bonne vie et mœurs et l'extrait du casier judiciaire ;

4° Une pièce constatant que le candidat a satisfait à la loi du recrutement, si son âge et son sexe le comportent ; en cas d'exemption une pièce authentique en indiquant les causes ;

5° Une note signée du candidat et faisant connaître ses antécédents, ses titres et les études auxquelles il s'est livré, ainsi que ses domiciles successifs, s'il y a lieu ;

6° Les diplômes, brevets ou certificats qui auraient pu être délivrés au candidat ou des copies dûment certifiées de ces pièces ;

7° Si le candidat a appartenu ou appartient à un service public, un état certifié de ses services; les candidats appartenant à l'instruction publique devront y joindre une pièce officielle constatant que leur engagement décennal est expiré;

8° Enfin l'indication du centre de circonscription [1] dans lequel le candidat désire subir les épreuves écrites du concours.

Le Ministre du commerce, de l'industrie et des colonies arrête, après avis de la commission supérieure, la liste des candidats admis à concourir.

Le même candidat ne peut être admis à plus de deux concours.

Le concours porte sur les matières suivantes :

ÉPREUVES ÉCRITES.

1° Une composition sur une question se rattachant aux lois réglementant le travail. Cette composition est également jugée au point de vue de la connaissance de la langue française;

2° Une composition sur une question relative à l'hygiène et à la chimie industrielles ou à la sécurité des ateliers;

3° Une composition sur une question de mécanique générale ou d'installation des ateliers.

Le programme des deux dernières épreuves est annexé ci-après.

ÉPREUVES ORALES.

Loi du 2 novembre 1892 sur le travail des enfants, des filles mineures et des femmes dans les établissements industriels et règlements d'administration publique rendus pour l'exécution de cette loi.

Loi du 12 juin 1893 relative à l'hygiène et à la sécurité des travailleurs dans les établissements industriels et règlements d'administration publique rendus pour l'application de cette loi.

Loi du 9 septembre 1848 relative aux heures de travail dans les usines et manufactures, et règlements d'administration publique rendus pour l'exécution de cette loi.

Loi du 16 février 1883 tendant à assurer l'application de la loi du 9 septembre 1848.

Loi du 4 mars 1851 relative aux contrats d'apprentissage.

Loi du 7 décembre 1874 relative à la protection des enfants employés dans les professions ambulantes.

Éléments d'hygiène et de chimie industrielles (Voir annexe n° 1).

Éléments de mécanique générale et d'installation des ateliers (Voir annexe n° 2).

Éléments de droit pénal relatifs à la répression des délits et des contraventions à la législation du travail (Voir annexe n° 3).

Éléments de droit administratif (Voir annexe n° 4).

Les épreuves orales comprennent trois interrogations : la première relative à la législation énumérée ci-dessus, la seconde portant sur l'hygiène, la chimie

---

[1] Paris, Tours, Dijon, Nancy, Lille, Rouen, Nantes, Bordeaux, Toulouse, Marseille et Lyon.

industrielles et la sécurité du travail, et la troisième sur les éléments de mécanique générale et l'installation des ateliers.

Les épreuves écrites sont *éliminatoires*. Nul ne peut être admis à subir les épreuves orales s'il n'a obtenu, pour l'ensemble des épreuves écrites, la moitié au moins du *maximum* de points tel qu'il a été fixé par les articles ci-après.

Pour les inspectrices le concours sera distinct et ne portera pas sur les éléments de mécanique générale.

La valeur relative de chacune des compositions au point de vue de l'importance qu'elles présentent respectivement pour le service est fixée comme suit :

Épreuves écrites :

Composition sur une question se rattachant aux lois réglementant le travail	3	
La même composition appréciée au point de vue de la connaissance de la langue française	2	9
Composition relative à l'hygiène, à la chimie industrielles ou à la sécurité des ateliers	2	
Composition sur les éléments de mécanique industrielle	2	

Épreuves orales :

Législation relative à la réglementation du travail, éléments de droit pénal et de droit administratif	3	
Hygiène et chimie industrielles	2	7
Mécanique industrielle	2	
Le jury attribuera en outre à chaque candidat une note dans laquelle il tiendra compte des antécédents, de la valeur morale du candidat et des garanties qu'il présente pour exercer avec tact et autorité les fonctions d'inspecteur : cette note est cotée	4	4
Ensemble		20

Il est attribué à chacune des compositions et interrogations une note exprimée par des chiffres variant de 0 à 20 et ayant respectivement les significations suivantes :

0	Néant.
1, 2	Très mal.
3, 4, 5	Mal.
6, 7, 8	Médiocre.
9, 10, 11	Passable.
12, 13, 14	Assez bien.
15, 16, 17	Bien.
18, 19	Très bien.
20	Parfait.

Chaque note est multipliée par le coeficient fixé à l'article 7. La somme des produits ainsi obtenue forme le nombre total des points pour l'ensemble des épreuves.

Un avantage de 3o points est acquis de plein droit au candidat qui justifie du diplôme délivré par l'École des ponts et chaussées, l'École nationale supérieure des mines, l'École des mines de Saint-Étienne, du diplôme délivré aux élèves libres de l'École du génie maritime, du diplôme d'ingénieur des arts et manufactures, d'élève breveté des écoles nationales d'arts et métiers et de docteur en médecine.

Nul ne peut être déclaré admissible s'il n'a obtenu à la fois plus du quart de chaque maximum partiel et un total d'au moins 65 p. 100 du maximum général, soit 260 points pour les inspecteurs et 208 points pour les inspectrices.

Si plusieurs candidats ont le même nombre total de points, la priorité est assurée à celui des candidats qui a obtenu le plus grand nombre de points pour le rapport se rattachant à l'application des lois réglementant le travail.

Les épreuves écrites ont lieu à Paris, Tours, Dijon, Nancy, Lille, Rouen, Nantes, Bordeaux, Toulouse, Marseille et Lyon.

Les épreuves orales sont subies à Paris.

ANNEXES.

PROGRAMMES.

1° Éléments d'hygiène et de chimie industrielles.

I. — ATMOSPHÈRE DU TRAVAIL.

Air confiné. — Dangers de l'encombrement; nécessité de l'aération et de la ventilation. — Divers modes employés dans les établissements industriels.

Air comprimé. — Dangers de la compression et de la décomposition brusques. — Règles d'hygiène applicables aux appareils à air comprimé. — Fonctionnement des sas à air.

Valeurs, gaz et poussières mêlées à l'air. — Vapeurs et gaz (irrespirables, irritants, toxiques). — Poussières (minérales, végétales, animales). — Influence sur le développement de la phtisie. — Intoxications. — Infections. — Moyens de remédier aux dangers des matières gazeuses ou pulvérulentes mêlées à l'air (hottes, cheminées d'appel, ventilation générale, ventilation localisée par aspiration). — Gaz ou poussières lourdes (ventilation *per descensum*).

II. — TEMPÉRATURE DU MILIEU.

Action de la chaleur et du froid. — Règles d'hygiène applicables.

III. — MATIÈRES MISES EN OEUVRE.

Matières irritantes. — Acides, alcalis. — Brûlures qu'ils déterminent.
Matières toxiques. — Mercure, plomb, arsenic, sulfure de carbone, phos-

phore, etc. — Principales industries qui font usage de ces substances. — Conditions légales de l'emploi des enfants et des femmes dans ces industries. *Matières infectieuses.* — Chiffons, peaux, poils, etc.

IV. — Dangers résultant de l'outillage.

Notions sur les accidents des machines et mécanismes. — Brûlures, plaies simples ou contuses, plaies par arrachement, fractures.

V. — Premiers soins à donner en cas d'accidents.

2º Éléments de mécanique générale et d'installation des ateliers.

Notions sur les principales machines simples et composées. — Le levier, la poulie, le plan incliné, treuil, les moufles et la vis en faisant abstraction du frottement.

Roulage et traînage, appareils de levage, monte-charges, freins.

Notions sommaires sur les machines hydrauliques.

Généralités sur la combustion, principes généraux de la construction des fours, cheminées.

Formes diverses des chaudières à vapeur, explosions; appareils accessoires pour la sûreté de l'emploi des chaudières, description succincte d'une machine à vapeur, ses principaux organes.

Principales machines-outils pour le travail des métaux; arbres de transmission, courroies, engrenages, embrayages, mesure de précaution dans leur emploi.

Notions élémentaires sur la production et la transmission de l'électricité dynamique. — Précautions à prendre dans son emploi.

Mesures pour la protection contre les accidents de fabrique.

3º Éléments de droit pénal.

Du délit en général :

Définitions et distinctions des crimes, délits et contraventions. — Tentative et commencement d'exécution. — Des peines en matière criminelle et correctionnelle et de leurs effets. — Notions sur la culpabilité et la non-culpabilité. — Éléments constitutifs du délit. — Circonstances aggravantes. — Excuses. — Circonstances atténuantes. — Complicité. — Connexité. — Auteurs. — Coauteurs. — Complices. — Rébellion. — Outrages et violences contre les dépositaires de l'autorité de la force publique.

Action publique et action civile.

Police judiciaire. — Officiers de police judiciaire. — Moyens d'informamations. — Procès-verbaux. — Constatations. — Instruction dans les cas ordinaires ou dans les cas de crimes ou de délits flagrants. — Attributions et devoirs des inspecteurs du travail considérés comme officiers de police judiciaire.

Notions générales sur l'organisation et la composition des juridictions pénales. — Voies de recours. — Délais.

4° Éléments de droit administratif.

Notions générales et sommaires sur l'organisation administrative, les attributions des différentes autorités administratives; agents, conseils, juridictions. — Législation des établissements dangereux et insalubres.

RENSEIGNEMENTS

SUR LES TRAITEMENTS ET LES CONDITIONS D'AVANCEMENT DU PERSONNEL DE L'INSPECTION DU TRAVAIL.

Aux termes d'un décret en date du 13 décembre 1892, les inspecteurs et inspectrices stagiaires du travail dans l'industrie reçoivent un traitement annuel de 2,400 francs; ce traitement est soumis à la retenue conformément à la loi du 9 juin 1853 sur les pensions civiles.

Il existe cinq classes d'inspecteurs et d'inspectrices départementaux :

La 5ᵉ classe reçoit un traitement de...................	3,000 francs.
La 4ᵉ classe un traitement de.......................	3,500
La 3ᵉ classe un traitement de.......................	4,000
La 2ᵉ classe un traitement de.......................	4,500
La 1ʳᵉ classe un traitement de.......................	5,000

Il y a trois classes d'inspecteurs divisionnaires :

La 3ᵉ classe reçoit un traitement de...................	6,000 francs.
La 2ᵉ classe un traitement de.......................	7,000
La 1ʳᵉ classe un traitement de.......................	8,000

Les inspecteurs et inspectrices ne peuvent être élevés de classe qu'après trois ans de service dans la classe immédiatement inférieure et lorsqu'ils figurent sur le tableau d'avancement dressé à la fin de chaque année; leur classement est personnel.

Les inspecteurs divisionnaires sont nommés au choix parmi les inspecteurs départementaux appartenant au moins à la deuxième classe de leur grade.

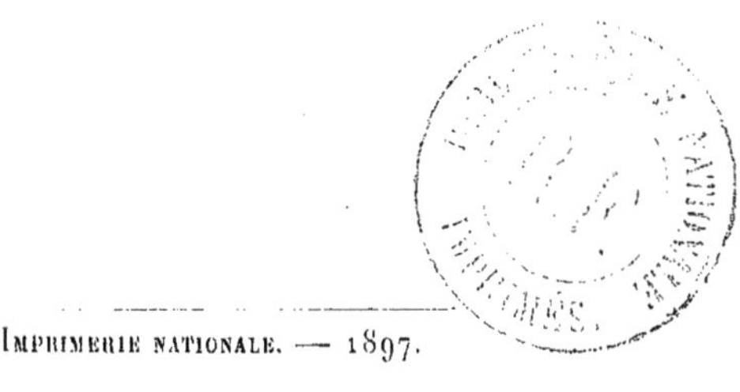

www.ingramcontent.com/pod-product-compliance
Ingram Content Group UK Ltd.
Pitfield, Milton Keynes, MK11 3LW, UK
UKHW021626090726
13657UKWH00004B/1506